公共卫生思政系列

流行病学
课程思政案例集

林华亮　卢次勇　刘跃伟　主编

中山大学出版社
·广州·

版权所有　翻印必究

图书在版编目（CIP）数据

流行病学课程思政案例集/林华亮，卢次勇，刘跃伟主编. —广州：中山大学出版社，2023.12

（公共卫生思政系列）

ISBN 978-7-306-07963-3

Ⅰ. ①流… Ⅱ. ①林… ②卢… ③刘… Ⅲ. ①高等学校—思想政治教育—教案（教育）—中国 Ⅳ. ①G641

中国国家版本馆 CIP 数据核字（2023）第 253607 号

LIUXINGBINGXUE KECHENG SIZHENG ANLI JI

出 版 人：王天琪
策划编辑：吕肖剑
责任编辑：周明恩
封面设计：曾　斌
责任校对：舒　思
责任技编：靳晓虹
出版发行：中山大学出版社
电　　话：编辑部 020 - 84110283，84113349，84111997，84110779，84110776
发行部 020 - 84111998，84111981，84111160
地　　址：广州市新港西路 135 号
邮　　编：510275　　　　传　真：020 - 84036565
网　　址：http://www.zsup.com.cn　　E-mail：zdcbs@mail.sysu.edu.cn
印 刷 者：佛山市浩文彩色印刷有限公司
规　　格：787mm×1092mm　1/16　14.5 印张　265 千字
版次印次：2023 年 12 月第 1 版　　2023 年 12 月第 1 次印刷
定　　价：50.00 元

如发现本书因印装质量影响阅读，请与出版社发行部联系调换

编 委 会

主编 林华亮 卢次勇 刘跃伟
编委（按姓氏笔画排序）：
  王　琼　任泽舫　杨　音　肖苏妹
  张子龙　张彩霞　陆家海　陈维清
  陈裕明　徐　琳　郭雅伟　郭　蓝

融思政教育于专业培养

——"公共卫生思政系列"丛书序

陈春声

做好课程思想政治（简称"思政"）工作，是落实"三全育人"理念具有关键性意义的重要环节。如何在每一位任课教师的专业课程教学过程中，道法自然，润物无声，将思政教育的养分有机融入高层次专业人才培养的土壤之中，有效地达到知识传授、价值塑造和能力培养多元统一的目标，仍是高等教育界各位同仁正在孜孜以求的重大课题。令人高兴的是，中山大学公共卫生学院的教师们在自己的专业领域做了可贵的探索。中山大学出版社出版的"公共卫生思政系列"丛书，为课程思政工作提供了一个可重复、可借鉴的范例。

中山大学公共卫生学院的教师们在教师党支部的引领下，结合各二级学科的特点和资源，胸怀"立德树人"，培养德智体美劳全面发展的公共卫生事业年轻一代专业工作者的责任感和使命感，编写了《职业卫生与职业医学课程思政案例集》《流行病学课程思政案例集》《儿童少年卫生学课程思政案例集》《营养与食品卫生学课程思政案例集》《环境卫生学课程思政案例集》《卫生管理学课程思政案例集》《卫生毒理学课程思政案例集》《卫生统计学课程思政案例集》和《百年党史中的公共卫生》9本与专业教学内容密切配合的辅助教材。这些教材以丰富、生动的专业案例，着力让学生从公共卫生与预防医学专业课程中体验和感悟爱国精神、专业精神、求实精神及奉献精神，恪守规范，自成体系，讲求情理融汇，以文化人。这样的努力，真的是难能可贵。

公共卫生与预防医学旨在以多学科融合的方式，组织社会力量共同努力，改善环境卫生条件，培养人们良好的卫生习惯和文明的生活方式，研究疾病的发生与分布规律以及影响健康的各种因素，制定预防对策和措施，预防与控制传染病和其他疾病的流行，提供医疗服务，达到促进人民身体健康、提高生命质量的目的。因此，公共卫生与预防医学学科的专业教学内容，天然地蕴含着关注人群、造福百姓、胸怀家国、服务人类命运共同体的思政教育成分。一代代为人类健康事业做出贡献的公共卫生与预防医学领域的前辈学者，更是后来者接续奋斗的不朽榜样。这些都为本学科课程思政教学奠定了厚重的学术基础，提供了丰富而感人的专业案例。

翻阅这套丛书，其中选录的200多个案例内容涵盖古今中外，既包括古代中国与百姓健康相关的思想和实践，也有近代欧美公共卫生与预防医学发展过程中的经验与教训；既系统讲述了苦难辉煌历程中历代中国共产党人对公共卫生事业的重视，也阐释了近年党和国家正确应对重大公共卫生事件的举措和政策；既有本学科发展历程中重要的科学实验、队列研究、疾患救治等丰富而生动的案例，又有一些因生态恶化、环境污染、劳动保护不足等引发对人群健康问题反思的个案。案例平实且深刻，专业而不造作。

习近平总书记高度关注公共卫生与预防医学事业的发展，重视高素质公共卫生人才的培养，明确提出"要建设一批高水平公共卫生学院，着力培养能解决病原学鉴定、疫情形势研判和传播规律研究、现场流行病学调查、实验室检测等实际问题的人才"[①]。中山大学公共卫生学院的教师们，根据习近平总书记的指示和精神，努力为公共卫生与预防医学高素质人才的自主培养添砖加瓦。相信这套由该学院各二级学科近20位教师合作主编的丛书，对于公共卫生与预防医学专业的教师和学生们来说，都是开卷有益的。

让人印象深刻的是，这套丛书自编写之初就高度重视其运用于专业教学实践的可操作性。丛书各分册的选题和公共卫生与预防医学专业本科教学基础课的体系相衔接，篇章目录与国内大多数公共卫生学院必修课的教学大纲基本一致。尽管这套丛书是集体合作的成果，汇聚了各学科专家和众多工作人员的智慧与辛劳，但保持了体例一致、章节篇幅规整和文字叙述风格相近的特点，较好地达到了专业辅助教材编写的标准。可以说，这是一项在课程思政建设中具有可重复性意义的工作，其经验值得在其他专业的课程思政教学中推广。

---

① 习近平：《构建起强大的公共卫生体系为维护人民健康提供有力保障》，载《求是》2020年第18期，第7页。

中山大学公共卫生与预防医学学科具有优良的办学传统和丰厚的学术积累，在筚路蓝缕、追求卓越的不凡历程中，形成了富有特色的"教学育人为主体、科学研究为先导、服务社会为己任"的办学理念，成绩斐然。尤其令人感佩的是，中山大学公共卫生与预防医学专业师生们的大爱之心和奉献精神。适逢中山大学世纪华诞之际，"公共卫生思政系列"丛书的出版，也可视为献给百年校庆的一份贺礼。

是为序。

目 录

第一章 绪 论 ··· 1
  第一节 课程思政教学设计 ··· 1
    一、案例教学适用范围 ··· 1
    二、课程教学目标 ··· 1
    三、教学方法 ··· 1
  第二节 课程思政案例及分析 ··· 2
    一、新中国第一次防疫战——察哈尔省察北专区抗击鼠疫 ······················· 2
    二、食用"米送乎乎"与"察布查尔病"的流行病学调查 ······················· 5

第二章 疾病的分布 ··· 8
  第一节 课程思政教学设计 ··· 8
    一、案例教学适用范围 ··· 8
    二、课程教学目标 ··· 8
    三、教学方法 ··· 9
  第二节 课程思政案例及分析 ··· 9
    我国新生儿死亡率下降的启示 ··· 9

第三章 描述性流行病学 ·· 12
  第一节 课程思政教学设计 ·· 12
    一、案例教学适用范围 ·· 12
    二、课程教学目标 ·· 12
    三、教学方法 ·· 13

第二节　课程思政案例及分析 …………………………………… 13
  一、高血压患病现状：居民健康与公共卫生服务 ……………… 13
  二、生态学研究：空气污染对死亡率的影响 …………………… 19

第四章　队列研究设计 …………………………………………… 26
 第一节　课程思政教学设计 ……………………………………… 26
  一、案例教学适用范围 …………………………………………… 26
  二、课程教学目标 ………………………………………………… 26
  三、教学方法 ……………………………………………………… 27
 第二节　课程思政案例及分析 …………………………………… 27
  一、Framingham 心脏病研究 …………………………………… 27
  二、中国慢性病前瞻性研究项目 ………………………………… 30

第五章　病例对照研究设计 ……………………………………… 35
 第一节　课程思政教学设计 ……………………………………… 35
  一、案例教学适用范围 …………………………………………… 35
  二、课程教学目标 ………………………………………………… 35
  三、教学方法 ……………………………………………………… 36
 第二节　课程思政案例及分析 …………………………………… 36
  一、乙肝病毒宫内传播机制的研究——将繁杂的科学问题
　　抽丝剥茧 ……………………………………………………… 36
  二、苯丙醇胺与出血性脑卒中 …………………………………… 38

第六章　实验流行病学研究 ……………………………………… 42
 第一节　课程思政教学设计 ……………………………………… 42
  一、案例教学适用范围 …………………………………………… 42
  二、课程教学目标 ………………………………………………… 42
  三、教学方法 ……………………………………………………… 43
 第二节　课程思政案例及分析 …………………………………… 43
  心脑血管疾病防治 ………………………………………………… 43

第七章 筛检 ··· 48
第一节 课程思政教学设计 ································· 48
一、案例教学适用范围 ······································ 48
二、课程教学目标 ·· 48
三、教学方法 ·· 49
第二节 课程思政案例及分析 ································ 49
宫颈癌筛查 ·· 49

第八章 病因及其发现和推断 ································· 59
第一节 课程思政教学设计 ································· 59
一、案例教学适用范围 ······································ 59
二、课程教学目标 ·· 59
三、教学方法 ·· 60
第二节 课程思政案例及分析 ································ 60
一、SARS病原发现过程中的启示 ····························· 60
二、生食毛蚶引起甲型肝炎暴发的调查分析 ····················· 65

第九章 预防策略 ··· 70
第一节 课程思政教学设计 ································· 70
一、案例教学适用范围 ······································ 70
二、课程教学目标 ·· 70
三、教学方法 ·· 71
第二节 课程思政案例及分析 ································ 71
中国人口生存状况的持续改善，人口寿命不均等的变化 ······ 71

第十章 公共卫生监测 ··· 76
第一节 课程思政教学设计 ································· 76
一、案例教学适用范围 ······································ 76
二、课程教学目标 ·· 76
三、教学方法 ·· 76
第二节 课程思政案例及分析 ································ 77
中国肿瘤登记系统的历史与现状 ······························ 77

第十一章　传染病流行病学 …… 81
第一节　课程思政教学设计 …… 81
  一、案例教学适用范围 …… 81
  二、课程教学目标 …… 81
  三、教学方法 …… 82
第二节　课程思政案例及分析 …… 82
  新冠疫情：钟南山院士的先进典型事迹 …… 82

第十二章　慢性病流行病学 …… 86
第一节　课程思政教学设计 …… 86
  一、案例教学适用范围 …… 86
  二、课程教学目标 …… 86
  三、教学方法 …… 87
第二节　课程思政案例及分析 …… 87
  1990—2019 年中国人群肝癌流行病学趋势的变化 …… 87

第十三章　伤害流行病学 …… 90
第一节　课程思政教学设计 …… 90
  一、案例教学适用范围 …… 90
  二、课程教学目标 …… 90
  三、教学方法 …… 91
第二节　课程思政案例及分析 …… 91
  一、自杀干预——"拉住那个站在悬崖边上的人" …… 91
  二、呵护儿童出行，从安全"座"起 …… 93
  三、儿童无伤害，我们的责任 …… 96

第十四章　突发公共卫生事件流行病学 …… 100
第一节　课程思政教学设计 …… 100
  一、案例教学适用范围 …… 100
  二、课程教学目标 …… 100
  三、教学方法 …… 101
第二节　课程思政案例及分析 …… 101

一、国际关注的突发公共卫生事件：新冠肺炎疫情………… 101
　　二、暴发调查：一处排粪口污染水源引起的急性胃肠炎…… 104

第十五章　精神卫生流行病学……………………………………… 109
第一节　课程思政教学设计……………………………………… 109
　　一、案例教学适用范围…………………………………… 109
　　二、课程教学目标………………………………………… 109
　　三、教学方法……………………………………………… 110
第二节　课程思政案例及分析…………………………………… 110
　　一、中国精神卫生调查：我国首次全国范围内的成人精神
　　　　障碍流行病学调查………………………………… 110
　　二、精神卫生事业发展史：党和国家高度重视心理健康和
　　　　精神卫生工作……………………………………… 116

第十六章　分子流行病学…………………………………………… 120
第一节　课程思政教学设计……………………………………… 120
　　一、案例教学适用范围…………………………………… 120
　　二、课程教学目标………………………………………… 120
　　三、教学方法……………………………………………… 121
第二节　课程思政案例及分析…………………………………… 121
　　人类基因组计划：学术乃天下公器………………………… 121

第十七章　药物流行病学…………………………………………… 125
第一节　课程思政教学设计……………………………………… 125
　　一、案例教学适用范围…………………………………… 125
　　二、课程教学目标………………………………………… 125
　　三、教学方法……………………………………………… 126
第二节　课程思政案例及分析…………………………………… 126
　　一、常见降糖药的角色转变：一药多用带来新思考……… 126
　　二、阿司匹林用于心血管疾病一级预防：效益与顾虑并存…… 130
　　三、药品不良反应监测：药品安全性研究的基础………… 133

第十八章　循证医学 …… 139
第一节　课程思政教学设计 …… 139
一、案例教学适用范围 …… 139
二、课程教学目标 …… 139
三、教学方法 …… 140
第二节　课程思政案例及分析 …… 140
一、循证医学的发展史 …… 140
二、中国循证医学的早期实践者——李幼平 …… 143

第十九章　恶性肿瘤 …… 147
第一节　课程思政教学设计 …… 147
一、案例教学适用范围 …… 147
二、课程教学目标 …… 147
三、教学方法 …… 147
第二节　课程思政案例及分析 …… 148
一、基于肿瘤登记系统的恶性肿瘤可改变危险因素分析 …… 148
二、疾病预防的重要性：不同预算优化策略对宫颈癌发病率的影响 …… 154

第二十章　糖尿病流行病学 …… 160
第一节　课程思政教学设计 …… 160
一、案例教学适用范围 …… 160
二、课程教学目标 …… 160
三、教学方法 …… 160
第二节　课程思政案例及分析 …… 161
大庆糖尿病预防研究 …… 161

第二十一章　流行性感冒 …… 166
第一节　课程思政教学设计 …… 166
一、案例教学适用范围 …… 166
二、课程教学目标 …… 166
三、教学方法 …… 167

第二节　课程思政案例及分析……………………………………… 167
　　　一、世界卫生组织应对流感的行动："人类命运共同体"
　　　　　理念的体现…………………………………………………… 167
　　　二、阻击病毒的"流感侦探"陈化兰院士：为全球流感疫情
　　　　　防控贡献中国智慧…………………………………………… 170

第二十二章　病毒性肝炎…………………………………………………… 174
　　第一节　课程思政教学设计……………………………………………… 174
　　　一、案例教学适用范围…………………………………………… 174
　　　二、课程教学目标………………………………………………… 174
　　　三、教学方法……………………………………………………… 175
　　第二节　课程思政案例及分析…………………………………………… 175
　　　一、上海甲型肝炎疫情…………………………………………… 175
　　　二、"甲肝克星"毛江森院士……………………………………… 176
　　　三、我国乙肝控制的措施与政策………………………………… 178

第二十三章　感染性腹泻…………………………………………………… 183
　　第一节　课程思政教学设计……………………………………………… 183
　　　一、案例教学使用范围…………………………………………… 183
　　　二、课程教学目标………………………………………………… 183
　　　三、教学方法……………………………………………………… 184
　　第二节　课程思政案例及分析…………………………………………… 184
　　　一、霍乱时期的流行病学调查…………………………………… 184
　　　二、志贺氏菌生物结合疫苗的人体攻毒研究：临床效果与
　　　　　保护相关性分析……………………………………………… 186
　　　三、诺如病毒感染事件：学校为何成为高发场所……………… 189

第二十四章　性传播疾病…………………………………………………… 193
　　第一节　课程思政教学设计……………………………………………… 193
　　　一、案例教学使用范围…………………………………………… 193
　　　二、课程教学目标………………………………………………… 193
　　　三、教学方法……………………………………………………… 194

第二节　课程思政案例及分析…………………………………… 194
　　　　一、我国性传播疾病防治的历程与成就……………………… 194
　　　　二、艾滋病科普读物——《小姐姐大课堂》………………… 198

第二十五章　结核病……………………………………………………… 202
　　第一节　课程思政教学设计……………………………………… 202
　　　　一、案例教学适用范围………………………………………… 202
　　　　二、课程教学目标……………………………………………… 202
　　　　三、教学方法…………………………………………………… 203
　　第二节　课程思政案例及分析…………………………………… 203
　　　　我国结核病的流行概况、变化以及流行特点………………… 203

第二十六章　地方病……………………………………………………… 208
　　第一节　课程思政教学设计……………………………………… 208
　　　　一、案例教学适用范围………………………………………… 208
　　　　二、课程教学目标……………………………………………… 208
　　　　三、教学方法…………………………………………………… 209
　　第二节　课程思政案例及分析…………………………………… 209
　　　　齐心协力消灭血吸虫…………………………………………… 209

第一章 绪 论

第一节 课程思政教学设计

一、案例教学适用范围

本案例适用于本科生和研究生"流行病学"等课程中绪论章节的教学。

二、课程教学目标

1. 教学目标

（1）掌握流行病学的定义、流行病学的原理、流行病学的研究方法，理解流行病学的特征，了解流行病学简史。

（2）培养学生尊重历史的态度和砥砺前行、不断探索的科学精神。

2. 价值目标

（1）通过案例讨论，让学生了解中国流行病学的发展历史和进程，激发学生的专业认同感和民族自豪感。

（2）通过案例讨论，让学生从流行病学中获得启示，激发学生学习报国的理想情怀和责任担当，培养学生无惧艰难、砥砺前行、不断探索的科学精神。

三、教学方法

本章课程适宜采用教师讲授、小组案例讨论等形式相结合的教学模式。教师结合案例，引导学生讨论相关内容，并将教学目标和价值目标融入当中。

第二节 课程思政案例及分析

一、新中国第一次防疫战——察哈尔省察北专区抗击鼠疫

（一）案例内容

察哈尔省，新中国成立初期省级行政区之一，简称"察"，省会为张家口市。1949年10月，察哈尔省察北专区暴发鼠疫。最初，鼠疫发生在内蒙古察哈尔盟乌宁巴图前音图浩特，3人因此死亡。当地牧民缺乏卫生常识，既没向上级机关报告，也没对这三人的尸体进行深埋。于是，鼠疫迅速传播至察哈尔省察北专区康保县察汉崩崩村。该村有居民84户，共400余人。村民经常以米面换取前音图浩特牧民的毛皮，由于毛皮易受携带鼠疫病菌跳蚤污染，疫情蔓延。10月3日，察汉崩崩村出现第一例肺鼠疫患者死亡。与以往主要通过鼠蚤叮咬传播的腺鼠疫不同，这起病例是通过飞沫、空气传播，传染性更大。随着鼠疫的流行，死亡人数逐渐增多。至10月19日，察汉崩崩村共死亡36人。居民因鼠疫而恐慌，四散逃亡。这更进一步加速了疫情的传播，在很短的时间内疫情蔓延150余千米，直至张家口东南的姬家房村附近，波及10个村子。

10月27日，中央防疫委员会成立，董必武担任主任委员。当日，委员会发布命令：中午12时起，封锁张家口市区中心方圆50千米，该区域被定为疫区，所有车马人畜阻绝通行。根据指令，察哈尔省以及河北、山西、绥远各省和北京、天津、唐山各市也相继成立了防疫委员会，由省主席或市长担任主任委员。人民解放军派出防疫队参加防治工作，协同对疫区进行封锁。除中断京绥和京大段铁路外，在东起京郊，西至怀仁、大同，南起桑干河，北至内蒙古草原，东西500千米，南北250多千米的地区内，建立6道大的武装封锁线。在从内蒙古草原交界处至张北康保间之

边墙两线之间地区构成绝缘带，发动村民封锁自卫，实行村村隔离。张家口市内的公共娱乐场所、露天市场、澡堂停止营业，学校停课。各地派遣到察哈尔省的防疫人员（含苏联方面）共计470余人。当地动员组织了医务人员、干部、武装部队和民兵等共4.4万多人，参与扑灭鼠疫。不到一周，在地广人稀的内蒙古及察哈尔北部城乡，18万人接受了预防接种，累计预防总人数达313582人。所有疫区村庄都挖了防鼠沟，进行捕鼠、防鼠和环境卫生工作，建立村卫生委员及每日通报制度，设立隔离所、化验室。防疫人员还通过广播、口头宣传、编发宣传品等形式，宣传防疫知识。由于各项防疫措施执行得很好，此次鼠疫很快得到控制。

（二）案例分析

鼠疫是一种严重危害人类生命的传染病，是由鼠疫耶尔森氏菌感染引起的烈性、急性传染病，也是我国法定传染病中的甲类传染病，在39种法定传染病中位居第一位。鼠疫为自然疫源性传染病，主要在啮齿类动物间流行。鼠、旱獭等为鼠疫耶尔森氏菌的自然宿主，鼠蚤为传播媒介。鼠疫的传播途径有三种：一是鼠蚤叮咬传播。鼠蚤叮咬是鼠疫的主要传播途径，由此可将动物身上的病原体（鼠疫耶尔森氏菌）传播给人，形成"啮齿动物→蚤→人"的传播路径。二是呼吸道感染。病人的呼吸道分泌物带有大量的鼠疫耶尔森氏菌，经呼吸道飞沫形成人际传播，造成鼠疫的大流行。三是经皮肤传播。健康者破损的皮肤黏膜与病人的脓血、痰液或与患病啮齿动物的皮肉、血液接触可发生感染。该病临床表现为高热、淋巴结肿大疼痛、咳嗽、咳痰、呼吸困难、出血以及其他严重毒血症状。其传染性强，病死率高。如果不及时控制，将造成大量人员死亡。在人类历史上曾暴发过三次全球性的鼠疫大流行，第一次是席卷欧洲的黑死病，使欧洲人口受到重创。第二次是1898年暴发于印度孟买的大鼠疫，使上千万印度人丧生。而第三次鼠疫于1910年在中国东北暴发，这次鼠疫传播极快，仅20天就传遍东三省，平均每月死亡1万人，很多家庭都是举家暴毙，死伤惨重。

新中国成立以后，国家对传染病的防治实行"预防为主"的方针。察哈尔鼠疫暴发后，政府采取了控制交通、隔离疫区、征调医务人员集中控制的疫情控制手段，同时积极组织疫苗接种，使疫情很快得到控制。传染病的流行程度与流行趋势是诸多社会因素共同作用的结果，社会因素在传染病防控中也起着决定性作用。2022年10月16日召开的党的二十大也提出："推进健康中国建设，把保障人民健康放在优先发展的战略位置。""健全公共卫生体系，加强重大疫情防控救治体系和应急能力建设，有效遏制重大传染性疾病传播。"党的二十大报告把保障人民健康放在优先发展的战略位置，把"完善人民健康促进政策"首次写入党的代表大会报告。会议要求，立足以人民为中心，落实以人民健康为中心的工作导向，把维护和促进人民健康、让人民生活幸福作为各项工作的出发点和落脚点；要坚持健康优先，建立一套支持健康优先发展的制度和政策体系，包括推动健康融入所有政策、建立健康影响评价评估制度等，加快形成有利于健康的生活方式、生产方式、经济社会发展模式和治理模式，使健康成为经济社会可持续发展的强大动力；要坚持共建共享，健康影响因素的广泛性、社会性、整体性决定了必须统筹政府、社会和个人力量，对健康问题进行综合治理。

新中国成立初期，中央人民政府在面临物资短缺、基本医疗设施和专业防疫人员极为匮乏、民众普遍贫困等基本国情的时候，结合群众基础，形成了具有中国特色的卫生防疫模式。抗疫斗争伟大实践证明，中国共产党具有无比坚强的领导力，是风雨来袭时中国人民最可靠的主心骨。在这么大的范围内，组织如此大规模的防控疫情战争，必须有坚实的统一领导，才能集中力量办大事，把各方面力量统一起来、凝聚起来。另外，人民群众的力量在抗疫斗争中充分发挥着作用。历史证明，走群众路线是党长期革命和建设的制胜法宝，也是党领导经验的深刻总结。新中国成立初期，在"卫生工作与群众运动相结合"的方针指引下，党和人民政府发动最广泛的社会动员，将群众的爱国之情激发到公共卫生运动当中。从爱国卫生运动到对鼠疫的抗击，都是党的群众路线在卫生防疫中的体现，疫病的防治是依靠群众、便利群众、发展群众的卫生事业。

（三）课堂讨论

（1）鼠疫是一种什么类型的疾病？请描述察哈尔省察北专区鼠疫暴发过程。

（2）新中国政府采取什么措施进行防疫斗争？新中国抗疫斗争有何深刻启示？

二、食用"米送乎乎"与"察布查尔病"的流行病学调查

（一）案例内容

20世纪50年代以前，新疆察布查尔锡伯自治县锡伯族一直流行着一种原因不明的致死性疾病。该病主要临床表现为复视、头晕、视力模糊、抬头和睁眼困难、声音沙哑、吞咽困难等，重症患者在发病的第2~3天就会死亡，并且死前一直神志清醒，当地将其称为"察布查尔病"。据当时的伊犁哈萨克自治州卫生处处长回忆："国民党时代，人们认为察布查尔有传染病，在流行季节常在伊犁河边检疫，不许察布查尔县的锡伯族人过河到伊犁去。"这个方法有点类似于现在针对传染性疾病采取的隔离措施。为了彻底查清此病出现的原因，1958年，我国卫生部组织了一支调查组，赴察布查尔县进行调查。这支调查组由吴朝仁、连志浩教授等八人组成，他们对该县发病最多的六乡进行了重点调查。连志浩教授运用流行病学分布论的原理，通过记录、摸索"察布查尔病"的时间、地区、人群的"三间分布"，与专家们找到了发病规律。最终，"米送乎乎"（自制面酱半成品）成为专家组的重点关注对象。

专家组发现，面酱主要由家庭妇女制作，并且在每年春天制作出足够一年食用的量。其制作方法有两种，分别为馒头法和麦粒法。发病最多的五乡、六乡居民，大多数使用"馒头法"制作面酱。使用馒头法制作的面酱，发酵过程中会产生甜味，所以妇女们基本上靠"尝味"来判断发酵是否完成。而不发病的二乡居民用的是"麦粒法"制作面酱。使用麦粒法制作的面酱，在发酵过程中不仅没有甜味，而且在半成品阶段不能吃，妇女们只能靠观察半成品外表性状的改变来判断发酵是否完成。另外，由于馒头法制作的面酱有甜味，并且在用盐水煮沸前也可以食用，这使它成为小孩们喜爱的"零食"，在春天经常被食用。该调查结果解释了该疾病为什么只在春天发生，为什么在锡伯族各乡，只有二乡历年来从未出现过病例，而五乡、六乡患病人数最多，为什么绝大多数患者是妇女和孩子。随后的动物实验和细菌学检查证实该病为肉毒杆菌引起的中毒，这一发现打破了当时认为只有食用腌制的肉食才能引起肉毒杆菌中毒的理

论，为肉毒杆菌毒素中毒研究开拓了新领域。疾病病因明确后，察布查尔县销毁了全县尚存的"米送乎乎"，并向群众广泛宣传该病的病因及预防方法，此后多年，察布查尔病在该县销声匿迹。

（二）案例分析

流行病学是研究人群中疾病与健康状况的分布及其影响因素，并研究防治疾病及促进健康的策略和措施的一门学科，是疾病预防控制的应用学科、现代病因研究的方法学科、临床诊疗手段的循证学科、卫生决策产生的思维学科。它不仅是公共卫生与预防医学的骨干学科，也是现代医学的主干学科。流行病学起源于19世纪的欧洲，我国始于20世纪中叶。新中国成立70多年来，我国人民的健康与疾病防治需求不断发生变化。随着国际流行病学的发展，在党和政府的领导下，我国流行病学得到长足发展并取得显著成就。

新中国成立后，国家制定了以预防为主的卫生工作方针，流行病学的理论和应用学科的性质为我国疾病的防控做出卓越贡献。如本案例中，连志浩教授运用"三间分布"的原理，成功发现锡伯族人晒干的发酵馒头存在的肉毒杆菌是"察布查尔病"的元凶。1972年，苏德隆教授通过流行病学现场调查结合Koch病因推断的准则，证实了桑毛虫的毒毛是上海市数十万人急性皮炎流行的病源。鼠疫、霍乱、血吸虫病、黑热病以及上海市甲型肝炎流行的成功控制，都是将流行病学理论应用于防控实践的典范。除了传染病防控实践取得的成就，流行病学在传染病流行中的应用，具体还体现在防制策略不断完善、防制体系进一步健全、防制工作扎实推进、科研和国际合作持续加强等积极进展。此外，流行病学在慢性病的防控方面也取得了积极的成效，主要包括：病因预防、三早预防和临床预防的三级预防指导思想已成体系；死因监测和慢性病及其危险因素监测已经成为常规工作；慢性病社区示范点工作已从以卫生系统为主导的工作转为以政府为主导的慢性病示范区工作。大规模人群队列研究的开展，为我国慢性病监测、危险因素探索、防治实践和效果评价及防治策略和措施的制定做出了巨大贡献。

（三）课堂讨论

（1）什么是流行病学？

（2）流行病学在疾病防控中的作用有哪些?

参考文献

[1] 毛琛，王岚，李立明. 我国流行病学学科发展70年的历程与成就 [J]. 中华流行病学杂志，2019，40（10）：1173-1179.

[2] 陈辉. 新中国第一次防疫战：察哈尔省察北专区抗击鼠疫回眸 [J]. 党史博览，2020（3）：4-10.

[3] 朱继东. 新中国成立初期抗击鼠疫的经验及启示：以华北为例 [J]. 思想教育研究，2020（4）：3-8.

[4] 陈升，周友良，刘厚俊. 新中国成立初期我国应对重大疫情的历史回顾与经验启示（1949—1965）[J]. 兰州学刊，2021（4）：41-53.

[5] 黄悦勤. 书生意气 硕果丰盛：记恩师连志浩教授 [J]. 中华流行病学杂志，2003（4）：79-80.

[6] 曾光. 中国现场流行病学的峥嵘岁月 [J]. 国际流行病学传染病学杂志，2019（5）：335-339.

[7] 曾光. 流行病学调查在中国"抗疫"中的作用和影响 [J]. 科普研究，2020，15（5）：5-8.

（林华亮）

第二章 疾病的分布

第一节 课程思政教学设计

一、案例教学适用范围

本案例适用于本科生和研究生"流行病学"等课程中疾病的分布相关章节的教学。

二、课程教学目标

1. 知识目标

(1) 掌握流行病学研究中常用的疾病频率测量指标。包括发病频率测量指标(发病率、罹患率、续发率)、患病频率测量指标(患病率、感染率)和死亡与生存频率测量指标(死亡率、死亡专率、病死率、婴儿死亡率、生存率)。

(2) 掌握疾病的流行强度分类:散发、暴发、流行和大流行。

(3) 掌握描述疾病分布的方法:地区、时间和人群分布。

2. 能力目标

(1) 通过案例讨论,让学生掌握流行病学常用疾病频率测量指标的概念、计算方法、应用条件和作用。

(2) 通过案例讨论,让学生掌握疾病"三间分布"的内容、方法和流行病学意义。

3. 价值目标

(1) 通过小组案例讨论的教学活动,加深学生对疾病频率测量指标以及疾病分布的理解。

（2）通过案例教学，让学生了解疾病频率测量指标以及疾病分布在医学研究和决策中的重要作用，从而树立正确的价值观。

三、教学方法

本章课程适宜采用课堂多媒体教学，利用线上资源并充分结合教师线下理论课程授课、学生小组案例讨论等形式开展。教师提出讨论问题，将课程教学的知识目标、能力目标和价值目标融入案例讨论。

第二节 课程思政案例及分析

我国新生儿死亡率下降的启示

（一）案例内容

新生儿死亡是指出生后28天内死亡的新生儿。新生儿死亡率是衡量一个国家或地区医疗水平和妇幼保健水平的重要指标之一。据联合国儿童基金会报告显示，超过80%的新生儿死亡是由早产、产时并发症（如出生时没有呼吸或出生窒息）、感染肺炎或败血症，或出生缺陷等病症引起的。通过培训助产士、接生时使用洁净水或消毒剂、婴儿出生后与其进行肌肤接触或母乳喂养，以及为婴儿提供良好的营养，可有效地避免新生儿死亡。

我国政府对儿童健康发展高度重视，已将儿童健康发展纳入国家战略规划。一方面，国家从政策、制度入手，相继出台了《关于加强儿童医疗卫生服务改革与发展的意见》《关于加强危重孕产妇和新生儿救治中心建设与管理指南》《健康儿童行动计划（2018—2020）》和《母婴安全行动提升计划（2021—2025）》等。对儿科医务人员加强培养，重视相关队伍建设。同时，对儿童医疗卫生服务体系，特别是对新生儿危重症救治网络进行完善，使我国整体儿童健康服务体系的可获得性显著提高，也使高危儿童能够获得及时、有效的救治，从而大大降低了我国新生儿死亡率。另一方面，国家加大了资金投入，特别是对产科、新生儿科的建设，通过加大设施设备和队伍建设的经费投入，达到降低新生儿死亡率的最终目的。

表 2-1 为我国 2000—2018 年全国新生儿死亡率。与 2000 年比较，2018 年全国新生儿死亡率下降了 82.9%，农村下降幅度（81.8%）大于城市（76.8%），三类地区以中部下降幅度最大（86.5%）。与 2017 年比较，2018 年全国新生儿死亡率下降了 13.3%，城市降幅（15.4%）大于农村降幅（11.3%），西部地区下降幅度最大（15.7%）。

表 2-1　2000—2018 年全国新生儿死亡率

区域	2000 年/‰	2010 年/‰	2012 年/‰	2014 年/‰	2016 年/‰	2017 年/‰	2018 年/‰	变化幅度/%	
								2000—2018 年	2017—2018 年
全国	22.8	8.3	6.9	5.9	4.9	4.5	3.9	-82.9	-13.3
城乡									
城市	9.5	4.1	3.9	3.5	2.9	2.6	2.2	-76.8	-15.4
农村	25.8	10.0	8.1	6.9	5.7	5.3	4.7	-81.8	-11.3
三类地区									
东部	13.0	4.7	3.5	2.8	2.5	2.2	2.0	-84.6	-9.1
中部	24.4	7.4	6.3	4.5	3.5	3.5	3.3	-86.5	-5.7
西部	31.7	10.7	9.6	8.7	6.7	7.0	5.9	-81.4	-15.7

注：2000 年采用的三类地区标准为沿海、内地、边远。
资料来源：全国妇幼卫生监测办公室。

（二）案例分析

儿童是祖国的希望、民族的未来，以习近平同志为核心的党中央坚持儿童优先原则，持续加大对儿童健康领域的投入力度，不断完善政策体系、优化生育环境。党的二十大报告也特别强调，"将'健康中国'作为我国 2035 年发展总体目标的一个重要方面，建立生育支持政策体系"。在中国式现代化道路上，儿童健康事业也将迎来全新的改革和发展。通过本案例，学习我国为实现新生儿死亡率下降的举措，掌握不同死亡率的概念和计算方法；了解我国 2000—2018 年新生儿死亡率的变化趋势；熟悉时间分布、地区分布的流行病学分析方法。

参考文献

[1] 全国妇幼卫生年报办公室. 全国妇幼卫生监测及年报通讯［J］. 2020（2）.

[2] 妇幼健康司. 国家卫生健康委关于印发母婴安全行动提升计划的通知［EB/OL］. http://www.nhc.gov.cn/fys/s3581/202110/2339cb54efa94cba8e83286870e2230d.shtml.

（郭雅伟）

第三章 描述性流行病学

第一节 课程思政教学设计

一、案例教学适用范围

本案例适用于本科生和研究生"流行病学"等课程中描述性流行病学相关章节的教学。

二、课程教学目标

1. 知识目标

(1) 掌握描述性研究的概念、种类和主要用途；掌握现况研究的定义和特点。

(2) 熟悉生态学研究的概念、特点、优点和局限性。

2. 能力目标

(1) 通过案例讨论，让学生根据研究目的和假设，进行现况研究和生态学研究方案的设计。

(2) 通过案例讨论，让学生了解我国实行的14项基本公共卫生服务项目，为其在公共卫生事业的发展奠定基础。

3. 价值目标

(1) 以案例融入课堂教学等方法，培养学生独立思考的能力，激发其对描述性流行病学的学习兴趣，使之学会运用辩证思维探索科学问题。

(2) 通过案例教学，让学生了解描述性研究方法如何运用到日常生活及科研工作中，引导其熟悉公共卫生相关工作，为实现"健康中国"

培养合格的践行者。

三、教学方法

通过学习软件开展线上线下、课内课外相结合的教学方法。课前，教师上传相关文章、视频等资料作为课前预习及讨论的材料，让学生自主学习。课中，教师采用情景教学、案例教学等方式，用通俗易懂的语言讲解理论政策，引导学生深度参与案例讨论，鼓励学生相互交流、主动发言，让学生完全融入课堂，化被动为主动。课后，教师针对所学内容发布作业或讨论主题，及时巩固教学内容，完成教学目标。

第二节 课程思政案例及分析

一、高血压患病现状：居民健康与公共卫生服务

（一）案例内容

高血压（hypertension，HTN）是心血管疾病的主要危险因素，是中国面临的重要公共卫生问题。随着城市化、收入增加和人口老龄化，中国高血压和心血管疾病的负担正在增加。2018年，*Circulation* 杂志上刊载了一篇论文，题为"Status of Hypertension in China：Results From the China Hypertension Survey，2012 – 2015"。该研究为一项具有全国代表性的横断面研究，提供了关于中国成年人高血压现状和相关因素的可靠循证数据。

该研究采用了分层多阶段随机抽样方法，纳入了2012年10月至2015年12月中国大陆31个省份451755名年龄大于18岁的居民。参与者休息5分钟后，由工作人员为其测量血压（BP）。高血压定义为收缩压（SBP）≥140 mmHg 和/或舒张压（DBP）≥90 mmHg 和/或在2周内使用抗高血压药物。此外，研究者还根据2017年美国心脏病学会/美国心脏协会高血压指南，估计了高血压的患病率。

451755名参与者中，47.8%为男性，52.2%为女性；51.3%居住在城市，48.7%居住在农村。其人口统计学特征详见表3 – 1。

表 3-1 参与者的人口学特征

变量		地区		性别		总计
		城市	农村	男性	女性	
人数		220052 (48.7)	231703 (51.3)	216034 (47.8)	235721 (52.2)	451755 (100.0)
平均年龄/岁		44.0 (43.4-44.6)	43.0 (42.3-43.7)	43.0 (42.5-43.6)	43.7 (43.2-44.2)	43.4 (42.8-43.9)
平均BMI/kg·m^{-2}		23.9 (23.6-24.2)	23.7 (23.4-24.0)	23.9 (23.6-24.1)	23.6 (23.4-23.9)	23.8 (23.5-24.0)
<18.5		4.5 (3.7-5.4)	5.0 (4.2-6.0)	4.1 (3.6-4.7)	5.6 (4.9-6.4)	4.8 (4.2-5.5)
18.5-23.9		50.5 (47.3-53.6)	52.0 (48.6-55.3)	50.2 (47.5-52.8)	52.8 (50.5-55.1)	51.5 (49.1-53.8)
24.0-27.9		32.4 (30.6-34.3)	31.2 (29-33.4)	33.8 (32.1-35.6)	29.3 (27.8-30.9)	31.6 (30.1-33.2)
≥28.0		12.6 (10.7-14.8)	11.8 (9.9-14.1)	11.9 (10.5-13.5)	12.3 (10.8-14.0)	12.1 (10.7-13.7)
平均收缩压/mmHg		125.6 (124.5-126.7)	126.4 (125.2-127.6)	128.0 (127.3-128.8)	124.2 (123.1-125.2)	126.1 (125.3-127.0)
平均舒张压/mmHg		76.0 (75.2-76.9)	76.0 (75.2-76.8)	77.8 (77.2-78.3)	74.2 (73.5-74.8)	76.0 (75.4-76.6)
汉族人数		92.7 (87.8-95.7)	86.5 (74.9-93.3)	88.6 (81.1-93.3)	88.8 (81.7-93.4)	88.7 (81.4-93.3)
受教育程度	小学	22.1 (18.7-25.8)	37.7 (34.2-41.3)	26.0 (23.5-28.6)	38.8 (36.0-41.8)	32.3 (29.7-35.0)
	初中	58.1 (55.8-60.5)	51.8 (48.6-55.0)	59.8 (57.4-62.2)	48.0 (45.6-50.3)	54.0 (51.7-56.2)
	高中以上	19.8 (17.2-22.6)	10.6 (6.6-16.4)	14.3 (11.2-18.0)	13.2 (10.4-16.6)	13.7 (10.8-17.3)

续表 3-1

变量		地区		性别		总计
		城市	农村	男性	女性	
吸烟状况	不吸烟	78.1 (75.8-80.3)	76.2 (73.7-78.6)	56.2 (53.0-59.4)	98.2 (97.3-98.8)	76.9 (75.1-78.6)
	曾经吸烟	2.6 (2.1-3.2)	2.4 (1.8-3.3)	4.7 (3.8-5.8)	0.2 (0.2-0.4)	2.5 (2.0-3.1)
	吸烟	19.3 (17.4-21.3)	21.3 (19.3-23.5)	39.1 (36.5-41.9)	1.6 (1.1-2.4)	20.6 (19.2-22.2)
饮酒人数		14.6 (12.6-16.7)	16.5 (14.5-18.6)	28.5 (26.0-31.1)	2.8 (2.1-3.5)	15.8 (14.4-17.4)
高血压家族史人数		27.0 (23.4-30.8)	22.0 (18.3-26.3)	23.2 (20.5-26.1)	24.2 (21.5-27.3)	23.7 (21.0-26.7)

注：数据表示数值（百分比）（95%置信区间）。根据2010年中国人口普查数据，所有值均经过加权，以代表中国≥18岁的总人口。

资料来源：Status of Hypertension in China: Results From the China Hypertension Survey, 2012-2015 [J]. Circulation, 2018; 137 (22): 2344-2356.

被调查者的平均收缩压为 126.1 mmHg，平均舒张压为 76.0 mmHg（见表 3-2）。在 18 岁以上的中国成年人中，高血压粗患病率为 27.9%（标化患病率 23.2%）。我国人口老龄化是高血压发展的重要因素之一，高血压患病率随着年龄的增长而增加，在 65 岁以上居民中，高血压的患病率 >55%。男性的高血压患病率高于女性，肥胖个体的高血压患病率远高于体重正常个体。高血压的患病率在各省之间差异很大：高血压患病率前三的省份为北京（35.9%）、天津（34.5%）和上海（29.1%），高血压的患病率最低的省份为湖南（15.6%）。

表 3-2 参与者的人口学特征

变量		人数	收缩压/mmHg	舒张压/mmHg	高血压患病率/%
总计		451755	126.1（125.3-127.0）	76.0（75.4-76.6）	23.2（21.9-24.5）
年龄/岁	18~24	42806	117.4（116.6-118.2）	71.4（70.6-72.2）	4.0（3.3-5.0）
	25~34	88540	118.9（118.1-119.6）	73.2（72.5-73.9）	6.1（5.4-6.9）
	35~44	79854	123.0（122.3-123.7）	76.4（75.9-76.9）	15.0（13.6-16.5）
	45~54	75398	129.0（128.1-130.0）	78.9（78.4-79.5）	29.6（27.7-31.6）
	55~64	65868	134.8（133.8-135.9）	78.9（78.2-79.6）	44.6（42.4-46.9）
	65~74	56343	139.8（138.6-141.0）	77.5（76.9-78.2）	55.7（53.5-57.9）
	≥75	42946	142.6（141.4-143.8）	75.9（75.1-76.7）	60.2（57.7-62.7）

续表 3-2

变量		人数	收缩压/ mmHg	舒张压/ mmHg	高血压患病率/ %
种族	其他	61049	125.9 (123.8-127.9)	75.8 (74.6-76.9)	21.1 (16.7-26.1)
	汉族	390706	126.2 (125.3-127.0)	76.0 (75.4-76.6)	23.5 (22.3-24.6)
性别	男性	216034	128.0 (127.3-128.8)	77.8 (77.2-78.3)	24.5 (23.0-26.0)
	女性	235721	124.2 (123.1-125.2)	74.2 (73.5-74.8)	21.9 (20.7-23.1)
BMI	<18.5	22518	118.1 (116.9-119.3)	71.4 (70.7-72.1)	11.3 (9.9-12.8)
	18.5～23.9	232324	122.6 (121.7-123.5)	73.9 (73.3-74.6)	15.4 (14.3-16.6)
	24.0～27.9	142741	129.5 (128.7-130.3)	78.0 (77.6-78.5)	29.5 (28.0-31.1)
	≥28.0	54172	135.3 (134.5-136.1)	81.1 (80.7-81.5)	44.5 (42.7-46.4)
受教育程度	小学	175856	132.2 (131.1-133.3)	77.3 (76.6-77.9)	36.5 (34.2-38.9)
	初中	218696	124.1 (123.3-125.0)	75.9 (75.3-76.4)	18.7 (17.0-20.4)
	高中及以上	57203	119.5 (118.8-120.3)	73.4 (72.5-74.3)	9.5 (8.5-10.8)

续表 3-2

变量		人数	收缩压/mmHg	舒张压/mmHg	高血压患病率/%
吸烟状况	不吸烟	352708	125.0 (124.2-125.9)	75.3 (74.6-76.0)	21.2 (20.1-22.4)
	曾经吸烟	12891	134.9 (133.6-136.3)	79.6 (79.0-80.2)	46.0 (43.6-48.3)
	吸烟	86156	129.1 (128.3-129.9)	78.2 (77.6-78.7)	27.9 (26.2-29.6)
饮酒状况	不饮酒	389790	125.4 (124.5-126.2)	75.4 (74.7-76.0)	21.7 (20.5-23.0)
	饮酒	61965	130.2 (129.3-131.2)	79.2 (78.6-79.9)	30.9 (29.0-32.9)
高血压家族史	无	349114	125.3 (124.4-126.1)	75.5 (74.8-76.1)	20.1 (18.9-21.5)
	有	102641	128.8 (127.8-129.8)	77.7 (77.1-78.3)	33.0 (31.5-34.5)
地区	城市	220052	125.6 (124.5-126.7)	76.0 (75.2-76.9)	23.4 (21.3-25.6)
	农村	231703	126.4 (125.2-127.6)	76.0 (75.2-76.8)	23.1 (21.5-24.8)

注：数据表示数值（百分比）（95% 置信区间）。根据 2010 年中国人口普查数据，所有值均经过加权，以代表中国≥18 岁的总人口。

资料来源：Status of Hypertension in China：Results From the China Hypertension Survey, 2012-2015 [J]. Circulation, 2018；137 (22)：2344-2356.

（二）案例分析

现况研究（横断面研究）收集的是某特定时间断面的资料，得到的频率指标为特定时间内调查群体的患病率。该研究描述了高血压的患病率，让学生了解高血压对居民健康造成的巨大危害，以及预防、控制高血压的重要性。目前，为了对高血压等慢性病进行预防控制，我国制定了各项预防策略和措施。例如，14项基本公共卫生服务项目中就有针对高血压患者的健康管理，其内容包括高血压筛查、高危人群健康指导与干预、健康体检、高血压患者的长期随访评估和分级干预。我国实施的基本公共卫生服务遍及全国14亿人，同人民群众的生命与身体健康密切相关。该项目可使居民的健康意识提高，改变其不良生活方式，使之逐渐建立自我健康管理的意识；可以减少主要健康危险因素，预防和控制传染病及慢性病的发生和流行；可以提高公共卫生服务和突发公共卫生事件应急处置能力，建立起维护居民健康的第一道屏障，对于提高居民健康素质有重要促进作用。党的二十大报告指出，我国要促进优质医疗资源扩容和区域均衡布局，坚持预防为主，加强重大慢性病健康管理，提高基层防病治病和健康管理能力。这一方面表明，高血压等慢性病对我国民众生命健康的危害急需引起足够重视；另一方面也意味着，我国将进一步推动慢性病防控与治疗政策体系的建设。通过此案例分析让学生体会公共卫生事业的发展对促进人群健康及推动社会事业发展的重要性，增加学生对本专业的认同感和自豪感，激发其未来投身公共卫生事业的热情，使之为促进全民健康贡献自己的智慧和力量。

二、生态学研究：空气污染对死亡率的影响

（一）案例内容

大量研究表明，短期暴露于空气污染的环境中就会对健康造成不利影响。其中，颗粒物（PM）是一种常见的空气污染物，其因具有毒性，会对人体的呼吸系统、心血管系统等造成危害，导致死亡率增加，引起了公众的广泛关注。2019年8月，*The new England Journal of Medicine* 杂志上刊载了一篇论文，题为"Ambient Particulate Air Pollution and Daily Mortality in 652 Cities"，研究了环境颗粒物与多个国家或地区死亡率的关联。

该研究评估了空气动力学直径为10 μm或更小的可吸入颗粒物（PM_{10}）和空气动力学直径为2.5 μm或更小的细颗粒物（$PM_{2.5}$）与多个国家/地区的每日全因死亡率的关联。研究收集了从1986年至2015年，

24个国家/地区的652个城市的每日死亡率和空气污染数据。使用时间序列方法，分别评估PM_{10}和$PM_{2.5}$浓度与每日死亡率的关联。

最终收集的总死亡人数为5960万人。研究获得了598个城市PM_{10}的每日数据和499个城市$PM_{2.5}$的每日数据。598个城市的PM_{10}年均浓度为56.0 μg/m³（中位数：44.3 μg/m³；范围：11.0～295.0 μg/m³），499个城市的$PM_{2.5}$年平均浓度为35.6 μg/m³（中位数：31.9 μg/m³；范围：4.1～116.9 μg/m³）。表3-3和表3-4分别展示了具有PM_{10}和$PM_{2.5}$数据的城市的地理分布，以及每个城市研究期间的年平均PM浓度。

研究观察到，PM_{10}和$PM_{2.5}$浓度与全因死亡率之间存在显著的正向关联（见表3-3）。在PM_{10}的分析中，PM_{10}浓度每增加10 μg/m³，每日全因死亡率增加0.44%。在$PM_{2.5}$的分析中，$PM_{2.5}$浓度每增加10 μg/m³，每日全因死亡率增加0.68%。不同国家或地区每日全因死亡率百分比变化的估计值差异较大。

按不同地区分类，PM_{10}和$PM_{2.5}$浓度每增加10 μg/m³，不同地区之间每日全因死亡率的变化存在差异（见表3-4）。PM浓度变化对美洲区域的每日全因死亡率影响较大，对西太平洋区域的影响较小。

综上，该研究数据显示了全球600多个城市的PM_{10}和$PM_{2.5}$短期暴露与每日全因死亡率之间的关联，这些数据强化了死亡率和PM浓度之间存在联系的证据。

表3-3　PM_{10}和$PM_{2.5}$每增加10 μg/m³的全因死亡率变化百分比

国家/地区	PM_{10}		$PM_{2.5}$	
	具有可用数据的城市	合并估计值*/%（95% CI）	具有可用数据的城市	合并估计值*/%（95% CI）
澳大利亚	3	1.32 (0.22 to 2.44)	3	1.42 (-0.12 to 2.99)
巴西	1	1.22 (0.97 to 1.47)	0	NA
加拿大	13	0.76 (0.25 to 1.27)	25	1.70 (1.17 to 2.23)

续表 3-3

国家/地区	PM$_{10}$		PM$_{2.5}$	
	具有可用数据的城市	合并估计值*/% (95% CI)	具有可用数据的城市	合并估计值*/% (95% CI)
智利共和国	4	0.33 (0.14 to 0.53)	4	0.27 (-0.68 to 1.23)
中国内地	272	0.28 (0.22 to 0.34)	272	0.41 (0.32 to 0.50)
哥伦比亚	1	0.03 (-0.34 to 0.39)	0	NA
捷克共和国	1	0.40 (-0.02 to 0.82)	0	NA
爱沙尼亚	4	0.46 (-0.69 to 1.63)	3	0.23 (-4.24 to 4.90)
芬兰	1	0.07 (-0.51 to 0.65)	1	0.14 (-0.55 to 0.83)
法国	18	0.46 (-0.15 to 1.07)	0	NA
希腊	1	0.53 (0.17 to 0.90)	1	2.54 (1.28 to 3.83)
意大利	18	0.65 (0.26 to 1.04)	0	NA
日本	47	1.05 (0.78 to 1.31)	47	1.42 (1.05 to 1.81)
墨西哥	8	0.67 (0.48 to 0.86)	3	1.29 (0.21 to 2.39)
葡萄牙	2	0.11 (-0.27 to 0.49)	1	0.03 (-1.14 to 1.21)
南非	6	0.41 (0.14 to 0.68)	5	0.80 (0.16 to 1.44)

续表 3-3

国家/地区	PM$_{10}$		PM$_{2.5}$	
	具有可用数据的城市	合并估计值*/% (95% CI)	具有可用数据的城市	合并估计值*/% (95% CI)
韩国	7	0.42 (0.27 to 0.58)	0	NA
西班牙	45	0.87 (0.60 to 1.15)	19	1.96 (1.18 to 2.75)
瑞典	1	0.20 (-1.03 to 1.44)	1	0.08 (-1.44 to 1.62)
瑞士	8	0.47 (-0.36 to 1.31)	4	0.79 (-0.96 to 2.58)
中国台湾	3	0.25 (-0.03 to 0.53)	3	0.62 (-0.39 to 1.64)
泰国	19	0.61 (0.24 to 0.99)	0	NA
英国	15	0.06 (-0.36 to 0.48)	0	NA
美国	100	0.79 (0.60 to 0.98)	107	1.58 (1.28 to 1.88)
总计	598	0.44 (0.39 to 0.50)	499	0.68 (0.59 to 0.77)

注：*合并估计值：PM$_{10}$ 和 PM$_{2.5}$ 浓度每增加 10 μg/m^3 的每日全因死亡率的百分比变化，是使用删减后的暴露数据确定的，其中排除了 PM$_{10}$ 和 PM$_{2.5}$ 测量值的最高 5% 和最低 5%。NA：数据缺失。

资料来源：Ambient Particulate Air Pollution and Daily Mortality in 652 Cities [J]. The New England Journal of Medicine, 2019; 381 (8): 705-715.

表3-4　按不同地区分类的全因死亡率变化百分比

地区	PM_{10} 合并估计值* % (95% CI)	P 值	$PM_{2.5}$ 合并估计值* % (95% CI)	P 值
西太平洋区域	0.34 (0.29 to 0.40)	<0.001	0.48 (0.38 to 0.57)	<0.001
欧洲区域	0.46 (0.31 to 0.61)		0.94 (0.47 to 1.40)	
美洲区域	0.73 (0.59 to 0.88)		1.47 (1.23 to 1.72)	

注：*合并估计值：不同地区 PM_{10} 和 $PM_{2.5}$ 浓度每增加 10 μg/m³ 的每日全因死亡率的百分比变化。

资料来源：Ambient Particulate Air Pollution and Daily Mortality in 652 Cities [J]. The New England Journal of Medicine, 2019; 381 (8): 705-715.

（二）案例分析

以空气污染中的颗粒物对死亡率的影响为案例，结合案例分析，让学生了解生态学研究的特点、用途、优点和局限性。同时，让学生重视空气中颗粒物污染对人体造成的危害，意识到保护环境的重要性。党的十八大以来，习近平总书记多次就打赢蓝天保卫战做出指示。近些年，我国生态环境得到显著改善。党的二十大报告指出，尊重自然、顺应自然、保护自然，是全面建设社会主义现代化国家的内在要求。必须牢固树立和践行"绿水青山就是金山银山"的理念，站在人与自然和谐共生的高度谋划发展。未来，我国将用更高的标准深入推进环境污染防治，打好污染防治攻坚战，统筹减污降碳协同增效，同时坚持 $PM_{2.5}$ 与臭氧协同治理。从摸清重污染天气的成因到准确预报重污染天气过程、从建立健全国家大气环境质量监测网络到区域联防联控机制建设，我国大气污染防治的每一步都伴随着环境治理能力的跃升。其中，科学研究起到非常重要的作用。而科学研究的崇高目标，是追求真理、揭示客观规律。这就要求学生在开展科学研究时，坚守价值准则，坚守道德与制度、规范。通过案例分析讨论，让学生树立严谨诚信的科研态度，培养求真思辨的科研素养。

（三）课堂讨论

（1）该研究采用了哪种研究方法？其基本特征和用途是什么？

该研究采用的研究方法：生态学研究。在群体水平上研究某种暴露因素与疾病之间的关系，以群体为观察和分析单位，通过描述不同人群中某因素的暴露状况与疾病的频率，分析该暴露因素与疾病之间的关系。

该研究的基本特征：以群体为单位。

该研究的用途：提供病因线索，产生病因假设；评估人群干预措施的效果等。

（2）该研究的优缺点是什么？

该研究的优点：①生态学研究常可应用常规资料或现成资料（如数据库）来进行研究，因而节省时间、人力和物力，且可以较快得到结果；②对病因未明的疾病可提供病因线索以供深入研究；③对于个体的暴露剂量无法测量的情况，生态学研究是唯一可供选择的研究方法；④当研究的暴露因素在一个人群中变异范围很小时，很难测量其与疾病的关系，在这种情况下，更适合采用多个人群比较的生态学研究；⑤适用于对人群干预措施的评价；⑥生态趋势研究可估计某种疾病发展的趋势。

该研究的缺点：①存在生态学谬误；②难以控制混杂因素，特别是关于社会人口学及环境方面的因素，会影响暴露因素与疾病之间的正确分析；③难以确定两变量间的因果关系。

鼓励学生运用所学专业课知识，讨论生态学方法中存在的优点和不足。任何事物都具有两面性，通过辩证的教学和探索，激发学生学习兴趣，增加学习动力。引导其在科学研究的过程中，不断树立严谨的科学态度，尊重真实的研究结果，从而揭示客观的问题规律。

参考文献

［1］詹思延. 流行病学［M］. 8版. 北京：人民卫生出版社，2017.

［2］曹红艳. 坚决打赢蓝天保卫战［N/OL］. 经济日报，2022 - 05 - 25. http：//paper. ce. cn/pc/content/202205/25/content_ 254573. html.

［3］张璐. 二十大报告解读丨深入推进环境污染防治，下一步要怎么做？［N/OL］. 新京报，2022 - 10 - 16. https：//www. bjnews. com. cn/detail/166590158714758. html.

［4］Wang Z, Chen Z, Zhang L, et al. Status of hypertension in China：results from the China hypertension survey, 2012 - 2015［J］. Circulation, 2018, 137（22）：2344 - 2356.

[5] Liu C, Chen R, Sera F, et al. Ambient particulate air pollution and daily mortality in 652 cities [J]. The New England Journal of Medicine, 2019, 381 (8): 705-715.

(卢次勇)

第四章　队列研究设计

第一节　课程思政教学设计

一、案例教学适用范围

本案例适用于本科生和研究生"流行病学""临床流行病学"等流行病学课程中队列研究相关章节的教学。

二、课程教学目标

1. 知识目标

（1）通过实例理解和掌握队列研究基本理论、基本特征、设计要点和可解决的问题。

（2）理解如何采用队列研究解决我国的重要健康问题。

2. 能力目标

（1）通过案例讨论，让学生掌握队列研究基本理论、设计要点、应用场景和结果报告。

（2）通过案例讨论，让学生学会分析和评估队列研究文献的质量。

（3）学生能够初步合理设计出队列研究方案。

3. 价值目标

（1）近十余年来，我国已建立累计人数达数千万的队列研究。通过小组讨论，让老师和学生深刻体会党的十八大以来我国队列研究事业的伟大成就以及所取得的举世瞩目的成就。认真学习党的二十大会议精神，深刻领会"两个确立""四个意识""四个自信""两个维护"在引领我国队列研究建设上的指导意义，全面贯彻中山大学的"三大"（大学科、大平台、大团队）策略，践行"请党放心，强国有我"，落实个人责任，扎扎实实做好我国的队列研究事业，让我国的队列研究事业和师生的思政素质均实现跨越式发展。

（2）通过小组案例讨论的教学活动，增强学生的主动学习能力、批判性思维能力、队列研究文献鉴赏等能力。

（3）通过我国特大型队列研究案例教学，让学生了解队列研究在解决我国及世界重要医学问题中作用，强化学生的使命感、责任感和爱国情怀。

三、教学方法

本章课程适宜采用翻转课堂及项目式学习（project-baced learning，PBL）模式教学。学生提前阅读教学案例相关文献，初步熟悉和理解文献的基本情况。教师讲解案例，同时通过预先设计的问题，引导学生进行小组分析和讨论；分析案例研究的优点、可以解决的问题、潜在的缺陷、可以改进的措施等；结合学生熟悉的健康问题来设计方案，并通过队列研究来解决存在的问题；通过解释讲授、引导分析和讨论、自主设计实践等教学形式，让学生深入理解和掌握本章节教学的理论知识，达到发现问题、分析问题和解决问题的能力目标。

第二节 课程思政案例及分析

一、Framingham 心脏病研究

（一）案例内容

1. 研究背景

20 世纪 40 年代，心血管病成为美国人的主要死因。当时，公众对该

病的预防和治疗均缺乏基本的了解，大多数人认为，因心脏病早逝是无法避免的事。1941年，美国罗斯福总统血压升高至188/105 mmHg，并且具有动脉硬化的多种症状。他的私人医生坚持认为，这种血压状态是健康的，因为并不比同龄的正常男性更高。1948年，美国启动国家心脏行动计划法案。该项目启动50万美元资助为期20年的心脏病流行病学研究，即为后来众所周知的Framingham Heart Study（FHS）。

Framingham是美国波士顿周边的一个小镇，总人口约3万人。将该镇作为队列研究的现场主要基于下列考虑：①当地医生积极响应；②该镇地理上靠近著名的哈佛医学院；③该镇已有20年结核防控示范区的经验；④该镇人群特征以制造业从业者为主，居民主要为白人的中产阶层，这些特征在某种程度上具有"美国人"的代表性。

2．研究对象

1948年，FHS研究者通过随机抽取2/3的家庭，邀请其中居住在该镇30～59岁的居民参加，在参加时无确诊心脏病的。在6507名邀请者中，4494（69%）人同意参加，另外有715名志愿者加入，共5209人，其中男性占44.8%。

3．研究设计

计划随访20年，每2年做一次检查，实际随访了32次，原始队列于2014年结束。

（1）基线早期主要观察指标：详细的体格检查，如身高、体重、腰围、心脏及其他器官的物体检查、X线胸片、12导联心电图、血压；留取尿样和血液，检查血红蛋白、胆固醇、磷脂、尿酸、血糖及其他指标。收集当地医院及诊所报告的就诊及住院信息、死亡信息等。对于不能到现场检查的参加者，由医生进行上门调查。通过电话或信函做医疗史和家族史、生活行为等问卷信息的调查。随着诊疗技术的发展，后期随访也增加了许多新的仪器及实验室检查指标，如心脏影像、血液及尿液生物标志，以及多组学，如基因、蛋白质和代谢组等。该项目没有给予特别的治疗。

（2）结局：主要结局为新发冠心病事件；其他结局：其他重要的疾病、临床指标的进展等。

4．研究发现

1957年，确定了高血压的标准（≥160/95 mmHg），超过该标准者冠心病发生的风险增加4倍，后发现脑卒中也是高血压主要结局；提出了

"危险因素（risk factor）"概念。20世纪60—80年代，确定心脏病的重要危险因素：年龄、高血液总胆固醇、体重、心电图异常、血红蛋白、吸烟、收缩压、糖尿病、房颤、高脂饮食等；保护因素：体力活动、高密度脂蛋白胆固醇（HDLc）。建立了预测心血管病的Framingham风险预测指数。1950—2017年，美国累计发表相关学术论文3516篇。这些研究结果为美国乃至全球制定心血管病防控的策略和措施提供了重要的科学依据。

（二）案例分析

（1）队列研究的核心特征是什么？

最核心的特征是，对同一人群做了多次重复调查，可以看成是对同一人群在多个时间断面上进行了多次的横断面调查。每次调查的指标可以相同或不同，但主要结局应至少有两个时点的调查，且结局事件发生于随访期间。这样可以使得暴露与结局事件发生之间产生从暴露到引起结局所必需的时间差，从而满足因果推断必须具备的时间顺序关系。

（2）队列研究能否做多暴露与多结局的关联研究？

很显然，在上述Framingham心脏研究案例中，做了众多暴露因素与心脏病发病风险的研究，即"非单一暴露与多结局"的关系。当然，也没有理由不能分析这些暴露因素与其他结局指标（如中风、糖尿病、高血压、肿瘤等）之间的关联。因此，队列研究的最大优点是可以进行多暴露与多结局的纵向关联，而横断面仅能进行多暴露与多结局在同一时间断面上的关联研究，病例对照则是多暴露与单一结局的关联研究。

（3）队列研究能否确定因果关联？

Framingham研究中的重要发现是确定了心脏病的重要危险因素，没有说确定了心脏病发生的病因。某种程度上，危险因素在较大可能上是病因，但还没有确证因果关系。确定因果关系的必要条件是：①具有统计学关联（排除随机误差）；②必须是真实的关联（排除系统误差——偏倚）；③满足因果推断的核心条件（如前因后果的时序关系、关联的一致性、关联强度、关联的合理性等）。通过统计检验，可以判断是否是偶然关联。在随机抽样、高应答率和高随访率时，选择偏倚也能得到较好的控制。在资料收集上，从理论上可以通过盲法随访、标准化调查人员与工具、明确的分类标准或诊断标准等措施来较好地控制信息偏倚。但在观察性研究中，无论采用什么措施，都无法控制由共存因素引起的混杂偏倚。

因此，即使能满足因果推断条件，观察性研究包括队列研究也因无法排除共存因素所致混杂偏倚，不能满足真实关联的条件，因而不能确证因果关联，只能说因果关联证据强度在队列研究高于横断面或病例对照研究。

（4）队列研究最大的缺陷是什么？

一般来说，一种设计中产生最大优点的核心特征也会构成其最大缺陷。在观察性研究中，与横断面和病例对照研究相比，队列研究突破性的改变是增加了暴露与结局之间前因后果所必需的时间差。然而，这个时间差意味着时间上的成本。慢性病从暴露到结束，往往历经数年甚至数十年。Framingham 研究自 1948 年开始首批人群至 2014 年终止，前后共经历 66 年，这是众多研究者一生都无法承担的时间成本。对于发病率低的疾病，还需要超大的样本人群、足够长的时间才能观察到足够数量的有效病例。此外，每增加一次随访，均需增加一次调查的费用。

（5）队列研究是否可能出现因果倒置的情况？

假如在该研究中，需要探索体重（或 BMI）与心脏病发病的因果风险的关系。在研究的前 5～10 年已知道 BMI 与血液低密度胆固醇（LDLc）呈正相关关联，同时已知 LDLc 高者心脏病发生风险高，在每次随访调查时，医生需要根据健康结果和已知的健康相关知识告知研究对象存在的健康风险和已知的简要防控知识。假定以基线体重或 BMI 做暴露指标，探索其与 20 年随访期间冠心病发生风险的关系，讨论上述随访过程中对研究对象风险和防控知识的告知行为对研究 BMI 与冠心病的因果关联会产生何种影响。

（6）结果外推性讨论。FHS 仅抽取了美国 Framingham 镇上的 5200 余人，为何这些研究结果可以为美国乃至全球心血管病的防控提供重要科学依据？请讨论研究结果的外推主要受哪些因素的影响？在什么条件下，即使是小地方非随机抽样人群的结果也是可以外推的？

二、中国慢性病前瞻性研究项目

（一）案例内容

1. 发起单位

中国慢性病前瞻性研究项目（China Kadoorie Biobank，CKB），是北

京大学、中国医学科学院与英国牛津大学联合开展的慢性病国际合作研究项目。

2．研究目的

项目旨在建立中国健康人群队列研究人群基础健康数据平台和生物样本库；研究各类重大慢性病在遗传、环境及生活方式方面的危险因素；慢性病的流行规律及趋势；以及在特定年龄、地区及其他危险因素水平下某些危险因素与疾病的关联，为我国制定重大慢性病的预防和控制策略和措施提供科学依据。

3．研究设计

不限时间的长时期的队列研究。

研究对象与现场要求：CKB研究包括中国10省市的5个城市和5个农村地区。项目以街道或乡镇行政区为调查单位，根据户籍登记确定抽样点内所有符合入选条件的居民。入选条件包括年龄30～79岁，调查点内户籍居民、无严重肢体残疾、能正常交流、自愿参加，个体疾病及死亡登记报告归属当地卫生部门管理，排除军人或流动人员。最终确定具有完整基线调查对象共51.3万人。

研究现场：主要考虑因素包括经济发展水平的差异性，抽样点人群相对稳定，主要慢性病流行水平和主要危险因素的暴露情况不同点具有差异性，现有死亡报告系统和发病数据的质量较好，互联网的普及，生物样本快递服务的便利及调查点参与项目的意愿和专业队伍业务能力较好等。最终选定10个调查项目地区如下：5个城区（山东省青岛市李沧区、黑龙江省哈尔滨市南岗区、海南省海口市美兰区、江苏省苏州市吴中区、广西壮族自治区柳州市）和5个农村（位于四川省彭州市、甘肃省天水市麦积区、河南省辉县市、浙江省桐乡市、湖南省浏阳市）。每个项目地区以街道或乡镇行政区划为调查单位，调查点内所有符合入选要求的居民。调查对象的募集工作除要求满足既定样本量（即每个项目地区5万人）外，还要尽量保证年龄及性别的均衡，但不对样本的人群代表性及整体应答率做刻意要求。

4．调查内容

包括问卷调查、体格检查、血液样本采集和现场指标检测等内容。

（1）问卷调查：内容包括人口学与社会经济学因素（如年龄、性别、教育、职业、婚姻、收入等），健康相关行为（如吸烟、饮食、体力活动等），被动暴露（如食物短缺、被动吸烟、空气污染等），个人及家庭健康状况（健康史、治疗史、家族史），生育史，精神、睡眠及情绪情况（相关标化量表）。

（2）体格检查：包括身高、体重、腰围、臀围、体脂、血压、心率、肺功能等。

（3）血液采集：采集调查时任意时点血样 10 mL，临时放入现场的低温保存箱中，当天运回当地疾控中心的实验室，并在 24 小时内进行分离和分装，样本转运到北京的中心样本库中进行长期保存。

（4）随访调查：包括重复调查和信息监测。①重复调查：间隔 4～5 年从留存的对象中抽取 5% 的个体进行重复调查。重复调查的内容与基线调查基本保持一致，同样包括体格检查、生物样本采集和问卷三个部分。同时，根据研究进展，在每次重复调查中也会新增一些调查项目与内容。②疾病监测：通过死因登记系统、医院病案记录等进行死因调查或推断。通过医疗保险等系统监测研究对象的重要疾病入院和诊疗信息（如缺血性心脏病、脑血管病、恶性肿瘤和糖尿病等）。

5．研究成果

该队列开发了大型人群队列研究数据处理技术规范、数据安全技术规范、现场调查管理技术规范、长期随访技术规范及生物样本库建设管理规范等标准文件。该队列取得了基于我国超大人群样本的众多暴露因素与重要疾病发生、死亡等相关结局关联的证据，发现了我国重要疾病的流行规律，制定了适合我国人群的心脑血管病等重要疾病的风险预测模型等。

（二）案例分析

（1）在我国进行超大规模队列研究具有哪些制度上的优势？

我国逐步建立了死因登记系统、重要疾病发病登记系统（如恶性肿瘤、脑血管病）、各类传染病分级报告系统以及医疗保险数据库。这些电子信息系统的建立，为超大规模队列人群重要结局事件的发生或死亡的随访提供了简便和可靠的随访途径。此外，我国实行严格的户籍管理制度，通过相关政府部门（卫生、公安、民政、社会保障、计划生育等）形成的资料和数据库，筛选出项目所需的随访信息，收集研究对象死亡、发病、迁移和失访等终点事件。这具有覆盖面广、政策性强、稳定性好、成本较低等诸多优点。可结合我国《"健康中国2030"规划纲要》等国家政策，进行深入分析和讨论制度上的优势。

（2）在我国进行超大规模队列研究为什么是必要的？

在国际已有大量有关人群队列研究的基础上，我国进行大人群队列研究的重要性、必要性在哪？

在 Framingham 心脏研究中，仅招募了 5209 人，在 CKB 研究中共招募了约 51.3 万人。为何在不同的队列研究中，所需的样本量有如此大的差异？在队列研究中所讲的样本量计算公式，是否同时适用于两项人数差异巨大的队列研究？请查阅 CKB 项目相关研究成果，讨论超大规模人群队列研究对我国人群疾病的预防、控制和流行规律研究可以起到哪些独特的作用。

（3）电子信息系统随访与传统的面对面访问相比有何优缺点？

在 CKB 项目中，最主要的随访手段为基于电子信息系统进行的多种疾病发生和死亡的随访。相较于传统的随访，其具有哪些优点？可以减少哪些偏倚？是否存在增加某些偏倚的可能性？如有，请列举可能增加或减少的偏倚，并说明理由。

（4）信息偏倚的防控。

在超大样本人群长期的队列研究中，存在随访人员、调查工具、调查方法等巨大的异质性。而控制信息偏倚的重要方法之一就是调查人员、工具和方法的标准，上述异质性是否构成信息偏倚。如果是，请结合调查内容，讨论信息偏倚对关联性研究的关联大小和方向会产生何种影响。在随机对照试验中，控制信息偏倚的重要手段是盲法。不同层面的盲法分别可以用于控制不同环节的信息偏倚。在 CKB 项目中，假定所有参与研究的人员均不存在盲法，请讨论问卷调查员、实验室检测人员、电子档案信息收集员、资料清理人员、统计分析人员和决定论文发表的人员，上述各环节中，哪些环节的人员可能产生信息偏倚，哪些环节可以产生差异性错误分类偏倚？哪些环节人员对结果的真实性会产生最大的影响？

（5）选择偏倚和混杂偏倚的防控。

该项目虽然涵盖中国 10 个省市，但最终选择人群仅包括 5 个城市的街道单位和 5 个农村的乡镇单位居民，在抽样时不对样本的人群代表性及整体应答率做刻意要求。请讨论该抽样方法对疾病患病率、发病率、关联研究等方面是否存在选择偏倚，对研究结果的外推性是否可能存在不良影响？选择偏倚与外推性有何差异？

该研究的抽样方法在每个抽样点的对象存在较大程度的内部一致性，在不同抽样点存在较大的异质性请讨论这种抽样方法，在资料分析阶段应如何控制混杂偏倚。

（6）方案设计。

领会党的二十大精神，请结合自身条件，以普通研究人员能实现的条件，设计一项队列研究，并对研究方案的科学性、合理性、可行性、以及贯彻落实党的二十大精神等方面进行深入讨论。

参考文献

[1] 中国慢性病前瞻性研究项目 [EB/OL]. https://www.kscdc.net/CKBweb/CKB_publicIndex.

[2] 李立明，吕筠，郭彧，等. 中国慢性病前瞻性研究：研究方法和调查对象的基线特征 [J]. 中华流行病学杂志，2012，33（3）：249-255.

[3] Framingham Heart Study. Welcome, researchers [EB/OL]. https://www.framinghamheartstudy.org/fhs-for-researchers/.

（陈裕明）

第五章 病例对照研究设计

第一节 课程思政教学设计

一、案例教学适用范围

本案例适用于本科生和研究生"流行病学"等课程中病例对照研究设计相关章节的教学。

二、课程教学目标

1. 知识目标

（1）掌握病例对照研究设计的基本原理和特点、病例和对照的选择、资料分析的基本步骤、关联强度指标 OR 的计算及意义。

（2）熟悉病例对照研究的实际应用及设计要点。

2. 能力目标

（1）通过案例讨论，让学生深刻理解病例对照研究的基本原理、特点和方法。

（2）通过案例分析，让学生能够根据研究目的和假设，进行合理的研究设计。

3. 价值目标

（1）通过以小组合作进行案例讨论的形式，增强学生的团队分工和协作意识，培养学生的集体荣誉感。

（2）通过案例讨论，深层思考每个病例对照研究案例背后体现的党的二十大会议精神，让学生树立正确的价值观、科学观、荣辱观，养成好学深思的品质。

三、教学方法

本章课程适宜采用线上与线下教学相结合的教学方法，学生提前以小组为单位讨论课程案例。线下授课时，教师更加侧重于解决学生遇到的疑惑；结合现实中更为复杂的案例，与学生深入探讨病例对照研究的应用范围和特点。在学生吸收并内化课堂知识后，教师提纲挈领，将理论联系实际，引导学生形成正确的价值取向，做到学有所思、学有所得。

第二节 课程思政案例及分析

一、乙肝病毒宫内传播机制的研究——将繁杂的科学问题抽丝剥茧

（一）案例内容

在过去的40年里，中国已经从乙型肝炎病毒（hepatitis B，HBV）感染的高度流行区转变为中度流行区。但根据全国性调查的数据，中国目前大约有7000万HBsAg携带者（患病率5%～6%），仍是世界上HBV感染负担最大的国家。

我国乃至亚洲地区的报告均显示，母婴传播是导致慢性HBV感染的最主要途径。乙肝球蛋白联合乙肝疫苗的干预，无法完全阻断宫内感染，且以此途径受染的新生儿往往终身携带病毒。若感染者为女婴，又会以同样方式将HBV传给下一代，如此循环往复，后果极为严重。然而，至20世纪90年代初，虽然国内外对HBV宫内传播及其发生率的研究很多，但关于其机制的报告在国际上仅数篇。所以，乙肝宫内传播机制的研究经历了一个较为漫长和曲折的过程。

来自日本和中国台湾的临床医生Ohto和Lin率先提出先兆流产导致胎盘微血管破裂从而引起宫内传播。随后，我国学者唐时幸做了进一步验

证。出人意料的是，他认为乙肝病毒宫内传播是由 HBV 在胎盘组织中复制造成的，而与先兆流产无关。

上述几位学者的结论颇有启发意义却又存在矛盾，究其原因，可能是与研究方法、样本量和略为滞后的检测技术有关。其一，几位学者使用的研究方法均属于描述性研究。而对于 HBV 宫内感染这种发生率低、影响因素众多的疾病，应使用分析性流行病学中的病例对照研究为宜。其二，按文献推测，HBV 宫内感染率为 8%～15%。因而，欲得出科学的结论，样本量至少应在 100 例以上。但前述学者研究中最多的研究对象数仅 33 例。其三，前述学者所采用的胎盘组织检测方法难以排除母血污染和敏感度较低的问题。

结合前人的优点和不足，某院校的研究团队结合巢式病例对照研究和分子流行病学研究对研究方法进一步优化。此项研究收集某省妇幼保健院连续入院的 101 例 HBsAg 阳性孕产妇作为队列，将出生的新生儿发生宫内感染的作为病例组，其余作为对照组。研究发现，胎盘组织中，从母面到胎儿面各层细胞中，HBV 感染率逐层降低，而引起胎儿宫内感染的 OR 值却逐层升高。研究表明，胎盘 HBV 感染与宫内传播密切相关，而且胎盘屏障是防止 HBV 宫内传播的重要因素。这不仅解答了以往学者研究结论相互矛盾的问题，而且提出了 HBV 宫内传播的新理论。

（二）案例分析

病例对照研究作为分析流行病学方法中最基本、最重要的类型之一，值得我们好好学习，科学应用。规范的流行病学方法是探索病因、揭示疾病发生发展规律和影响因素的科学可靠的方法。分析流行病学中的病例对照研究在发现非传染病的病因方面创造了辉煌的历史，如 Doll 和 Hill 对吸烟和肺癌关系的研究、对雌激素己烯雌酚和阴道癌关系的医学研究。这启示我们更加需要夯实专业基础，领会病例对照研究的原理和方法，切勿浮于表面，一知半解，要善于查阅文献书籍，借鉴前人经验，勤于发现和思考问题。

而在繁杂的科学问题面前，如何由繁化简、抽丝剥茧地发现问题所在，同样值得我们学习和深思。上诉学者通过仔细分析前人的研究，结合优点和不足，选择了正确的研究方法——巢式病例对照研究，还通过扩大样本量避免假阴性、引进前沿检测技术来解决敏感度和特异度均低的问题,最终推动"乙肝病毒宫内传播机制"这一科学问题的进一步明了。当代青年学生应当从中吸取宝贵的经验和教训,不能只重视实验室研究,不重视甚至忽视现场研究,以至舍本逐末,仅取得一些浅表的结果。我们应当在发挥传统流行病学方法的优势的同时结合前沿科学方法,为祖国健康事业做出自己的贡献。

正如爱因斯坦所说的:"科学是永无止境的,它是一个永恒的谜。"人类社会的发展滚滚向前,旧的矛盾解决了,新的矛盾又将出现。HBV宫内感染的危险因素以及机制的病例对照研究,也是如此。其一,涉及宫内传播的因素及其相互关系错综复杂、千变万化,本书所列举的研究仅仅只是其中的主要几种。其二,随着时代的发展,物质生活和卫生知识水平的提高,孕妇及其家庭行为方式和营养状况随之改变,影响宫内传播的因素也将发生变化。其三,上述研究发现了HBV宫内传播机制的两种主要方式,是否还存在其他的方式?具体是如何发生的?涉及哪些细胞因子和受体?这些都需要学者们继续探索和发现。这也正是科学的魅力所在,它吸引着一代又一代学者醉心于此,从而推动人类社会的突飞猛进。

二、苯丙醇胺与出血性脑卒中

(一)案例内容

苯丙醇胺(PPA)是抗感冒药和食欲抑制剂的常用成分。我国曾经销售的康泰克缓释胶囊每粒胶囊含PPA 50毫克。美国每年可消耗数十亿剂量单位的PPA制剂,使之成为非处方药物的最常用成分之一。20世纪70年代,通过药物不良反应报告发现,有些中青年妇女的颅内出血可能与PPA有关,20世纪80年代又有30余例相似报告。虽然1984年《柳叶刀》杂志发表的一篇有关PPA和脑卒中的队列研究没有得出二者有关联的结论,但是,鉴于PPA为非处方药有庞大的用药人群,PPA与出血性脑卒中风险的关联还是需要进一步明确。因此,1992年美国食品药品监督管理局(U.S. Food and Drug Administration,FDA)联合PPA制造厂商委托耶鲁大学组织药物流行病学专家、内科及神经病学专家共同组成研究小组,对PPA与出血性脑卒中的相关性进行了为期5年的病例对照研究。

该项目采用1:2配比的病例对照研究设计,在美国四个州的两个医院网络和两个三级疗养院收集了702名合格病例,通过随机电话号码为每名病例匹配两名对照。研究结果表明,出血性脑卒中与发病当天以及发病前3天服用PPA有密切关系,校正比值比(AOR)为1.49,其中与服用含PPA减肥药的相关程度极高,校正比值比(AOR)达到15.92。

2000年10月,Ralph I Horwitz等人发表报告,题为《苯丙醇胺与出血性脑卒中相关性:出血性脑卒中项目的结题报告》,该报告的结论迅速被美国食品药品监督管理局采用。2000年10月19日,美国食品药品监督管理局在《公共健康报告》中提道:PPA与出血性脑卒中的相对风险有一定关联,尽管发生率极低,但考虑到该不良反应事件的严重性(无法挽回的后果)及其不可预测性,要求美国生产厂商主动停止生产、销售含PPA的产品。美国食品药品监督管理局的这一决定犹如一枚重磅炸弹,不仅引起众多药厂、药店以及公众的强烈反响,而且迅速波及全世界。对此,各国做出不同的反应:取消使用和销售含PPA产品的,有加拿大、阿根廷、墨西哥、马来西亚、新加坡;将含PPA的产品继续作为非处方感冒药销售的,有英国、日本、意大利、爱尔兰、澳大利亚、瑞士;将含PPA的产品归为处方管理的,有俄罗斯、立陶宛、厄瓜多尔。

我国国家药品监督管理局也于2000年11月14—15日连续发布两份《关于暂停使用和销售含苯丙醇胺(PPA)药品制剂的通告》,随后宣布从市场上撤出含PPA的14种感冒药。

(二)案例分析:基于PPA事件进行案例教学

以PPA事件为案例,围绕PPA事件所获得的启示、仍存在的不足之处等开展案例讨论,让学生们对于病例对照研究的实际应用有更深入的体会。同时,通过该案例,可以让学生们更加领会到我们的实际工作要与国际热点前沿相接轨,要始终将人民群众的生命健康摆在第一位。此外,任何事物都是具有两面性的,如何正确地看待并利用是值得我们深思的问题。

(三)课堂讨论

(1)你认为PPA事件中存在哪些值得进一步探究之处?

从保障用药者绝对安全的角度,从市场上暂停甚至撤出含PPA的感冒药是可行的,但仅仅通过一个病例对照研究就对含PPA的感冒药下结论为时尚早。在美国PPA类药物主要用于减肥和治疗感冒,同时服用禁忌药物的可能性较大。而在我国,PPA类药物主要用于缓解感冒初期症状,用药剂量低,用药单纯,且较少伴有心血管方面疾病。具体问题应当具体分析。

(2) 从PPA事件中你获得了什么启示?

可以说,历史上很少有一篇病例对照研究报告能引起如此大的国际反响。PPA事件的简短回放再次表明,证实药物不良反应的过程中,流行病学的宏观思维模式及其因果关系推论方法是非常有用的工具,特别可以揭示那些在药物临床试验中难以发现的、小概率事件的药物不良反应。

一方面,以保障人群健康为己任的预防医学相关专业学生,应当时刻保持敏锐性,关注国际前沿和热点事件,及时发现可能危害人民群众生命健康的因素,做出决策以切实地保护人民的健康。另一方面,任何事物均具有两面性,有利必有弊。苯丙醇胺作为常用抗感冒药和食欲抑制剂的成分,具有药用价值,而在过量使用时,则会增加脑卒中的发病风险。这需要我们权衡利弊,做出契合当下社会需求的决策。当代青年学生应当常怀为民之心,常做利民之事,扎实专业本领,未来走向工作岗位时,到人民群众需要的地方去,为祖国的卫生事业发展贡献青年力量。

正如习近平总书记在中国共产党第二十次全国代表大会中指出:"党推进健康中国建设,把保障人民健康放在优先发展的战略位置。"

我们必须坚持人民至上,坚持自信自立,坚持守正创新,坚持问题导向,坚持系统观念,坚持胸怀天下。我们要不断攻坚克难,锐意进取,加强应急公共卫生体系和传染病防治体系建设,全方位、全周期维护人民健康。

党的二十大,是在全党全国各族人民迈上全面建设社会主义现代化国家新征程、向第二个百年奋斗目标进军的关键时刻召开的一次十分重要的大会,是一次高举旗帜、凝聚力量、团结奋进的大会。二十大报告明晰了新时代新征程的使命任务,让我们深刻地体会到"全面推进中华民族伟大复兴已经进入了不可逆转的历史进程",使我们更加坚定了凝心聚力为之奋斗的信心和信念!广大公共卫生学子要坚定理想信念,站稳人民立场,发扬创新精神,矢志艰苦奋斗,练就过硬本领,担起时代重任,在全面建设社会主义现代化国家的火热实践中绽放绚丽之花。

参考文献

[1] 李晓松. 卫生统计学［M］. 8版. 北京：人民卫生出版社，2017.

[2] 李立明，詹思延. 流行病学研究实例［M］. 北京：人民卫生出版社，2006.

[3] 徐亮，陆伟. 乙型肝炎病毒母婴阻断中的若干问题［J］. 中华传染病杂志，2020（1）：57-62.

[4] 贾涛，王锐. 乙型肝炎病毒母婴阻断研究进展及对策［J］. 中华预防医学杂志，2016，50（2）：197-200.

[5] Liu J, Liang W, Jing W, et al. Countdown to 2030: eliminating hepatitis B disease, China［J］. Bull World Health Organ, 2019, 97（3）: 230-238.

（郭　蓝）

第六章　实验流行病学研究

第一节　课程思政教学设计

一、案例教学适用范围

本案例适用于本科生和研究生"流行病学""流行病学应用"等课程中实验流行病学研究相关章节的教学。

二、课程教学目标

1. 知识目标

通过案例讨论，让学生掌握实验流行病学研究（尤其是随机对照试验）的特点，包括随机原则、对照原则等。

2. 能力目标

让学生了解随机对照试验设计中需要考虑的要素、试验的流程以及资料的整理和分析方法，体会一项高水平的随机对照试验是建立在细致、完整和科学的研究设计基础之上，帮助学生树立科学、严谨的治学态度。

3. 价值目标

党的二十大报告提出，把保障人民健康放在优先发展的战略位置，完善人民健康促进政策。会议要求建立一套支持健康优先发展的制度和政策体系，包括推动健康融入所有政策、建立健康影响评价评估制度等，加快形成有利于健康的生活方式、生产方式、经济社会发展模式和治理模式。案例探索并证实了减盐这一饮食行为改变对促进心血管系统健康的作用，为建立有效的膳食干预措施提供重要依据，与二十大报告的要求高度吻合。

三、教学方法

以"替代盐与脑卒中关系研究"为例,围绕"随机对照试验设计的基本要素和基本原则、实施的基本步骤及数据分析基本思路"设置讨论题目。

第二节 课程思政案例及分析

心脑血管疾病防治

(一)案例内容

脑卒中、冠心病等心脑血管疾病,严重威胁我国居民的健康。高血压是心脑血管疾病最重要的危险因素之一,因而预防高血压是降低心脑血管疾病危害的关键措施。降低饮食中盐的摄入被证实是有效的降血压措施。然而,盐是最重要的调味品之一,在中国饮食中具有重要的地位。我国人均盐摄入量约为10.5克/天,远高于世界卫生组织推荐的5克/天的标准,并且呈现"农村高于城市,北方高于南方"的特点。人的饮食习惯(包括口味)很难在短期内改变,要降低盐的摄入并长期维持这一习惯往往难以实现。因此,低钠高钾的替代盐应运而生。替代盐由75%的氯化钠(普通盐的主要成分)和25%的氯化钾组成,口味与普通盐类似,但钠的含量明显降低。既往研究表明,替代盐能够降低血压水平。然而,替代盐能否降低脑卒中等心脑血管疾病发病和死亡风险的证据尚不明确,需要有力的随机对照试验来证明。

2014年,北京大学及乔治全球健康研究院领衔的团队,在我国5个省份开展了一项长达5年的、以社区为基础的整群随机对照试验,即"替代盐与脑卒中关系研究"(Salt Substitute and Stroke Study,SSaSS)。研究结果于2021年9月发表,证实了脑卒中高危人群在换用替代盐以后,可有效降低脑卒中及心血管疾病发生率及全因死亡率,且安全性良好。研究结果为推动替代盐的使用进而实现预防心脑血管疾病、促进人群健康提供了有力支持。

1. 研究设计

SSaSS 研究为一项大规模的多中心、以社区人群为基础的开放性整群随机对照试验（cluster randomized controlled trial）。该研究纳入了来自我国 5 个省份（辽宁、河北、山西、宁夏和陕西）10 个区/县 600 个村庄的 20995 名研究对象，是我国目前为止最大的健康研究项目之一。研究获得了北京大学等机构伦理委员会的批准，研究对象在开始前签署了知情同意书。

该研究的研究对象为脑卒中高风险人群，纳入标准包括：有既往脑卒中病史或者年龄大于 60 岁并且血压控制不佳者（正在服用降压药且收缩压≥140 mmHg，或者没有服用降压药且收缩压≥160 mmHg）。排除标准包括：本人或者共同生活的家属使用保钾利尿剂或补钾药物，有严重肾功能不全，多数时间不在家吃饭，或者经村医评估认为可能在 6 个月内死亡。

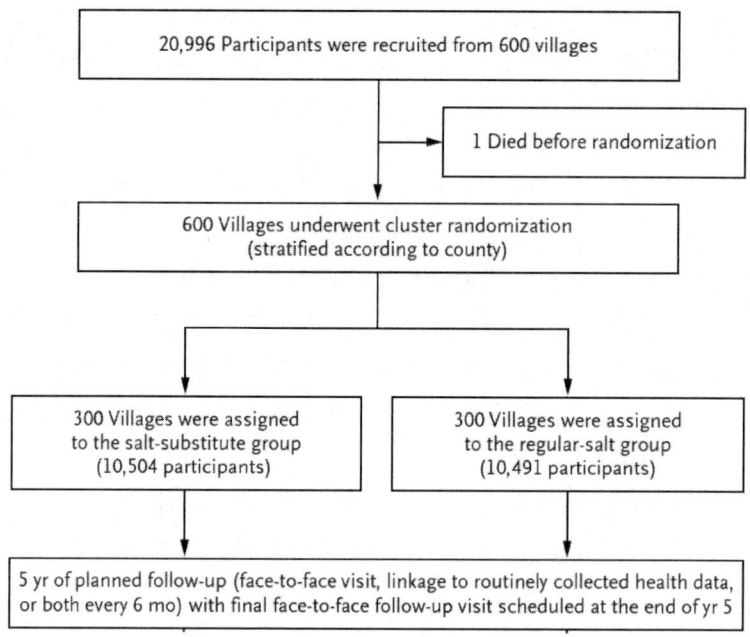

图 6-1　SSaSS 研究实验流程

2. 随机化和干预

以村庄为单位,在每个区/县内按 1∶1 的比例进行随机化分组。随机方案由第三方统计人员使用计算机产生。随机分配在完成研究对象招募和基线调查以后进行,最终各有 300 个村庄被分配到干预组和对照组。干预组研究对象获得免费的替代盐(75% 氯化钠和 25% 氯化钾)以替换普通盐,对照组则继续食用普通盐。

3. 随访和结局测量

随访期限为 5 年,随访间隔为 6 个月。随访的主要结局包括致死性和非致死性脑卒中,次要结局包括重要心血管疾病事件(包括非致死性卒中、非致死性急性冠脉综合征和心血管疾病死亡)和全死因死亡。安全性指标则包括高钾血症和猝死。为了减少测量偏倚,随访工作由来自研究村庄外部且没有参与减盐工作的人员开展。同时,从新型农村合作医疗报销记录、区/县疾病预防和控制中心和公安局等部门获取疾病、迁移等信息。

4. 统计分析

使用意向性分析,用多水平泊松回归模型计算率比(rate ratio)及 95% 置信区间。

5. 研究发现

最终入选的参与者平均年龄为 65.4 岁,男女比例相近(女性占比 49.5%)。在主要结局方面,和对照组相比,干预组脑卒中发生率降低 14%(29.14 次/1000 人年 vs 33.65 次/1000 人年;$RR = 0.86$,95% CI:$0.77 \sim 0.96$)。干预组次要结局发生率同样低于对照组:重大心血管事件发生率降低 13%(49.1 次/1000 人年 vs 56.3 次/1000 人年;$RR = 0.87$,95% CI:$0.80 \sim 0.94$);全因死亡率降低 12%(39.3 次/1000 人年 vs 44.6 次/1000 人年;$RR = 0.88$,95% CI:$0.82 \sim 0.95$)。安全性指标方面,两组高钾血症发生率没有显著差异。

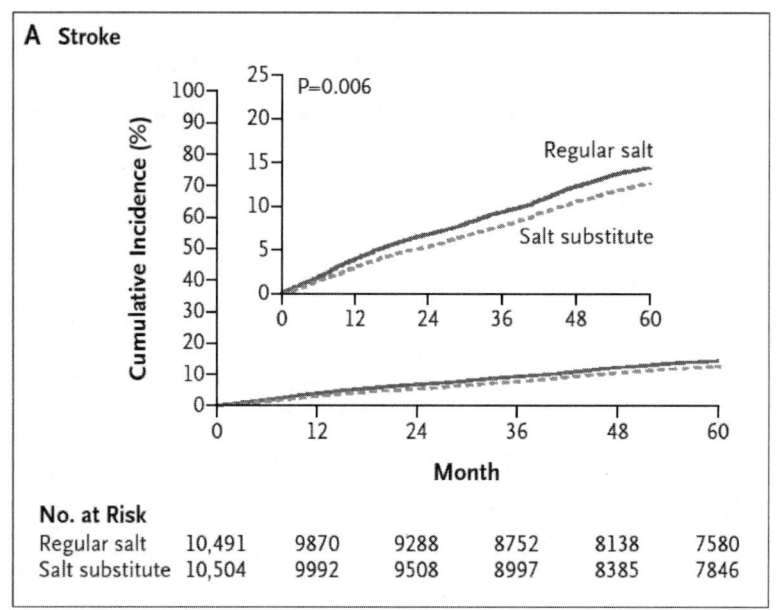

图6-2 干预组与对照组脑卒中发生率对比

6. 研究结论和意义

替代盐在脑卒中高危人群中可以有效降低脑卒中、重要心血管事件及全因死亡风险,且安全性良好。

替代盐口味与普通盐相似,而价格仅略高于后者(约11元/千克 vs 7元/千克),因而适合在中低经济水平地区,包括我国广大的农村地区进行推广,对预防脑卒中和其他心血管疾病、提升全民健康水平具有重要意义。

(二)课堂讨论

(1) SSaSS 使用的是哪一种研究设计?

SSaSS 采用的是实验流行病学研究中的随机对照试验设计。具体来讲,是以社区人群为基础的多中心、开放性整群随机对照试验。注意介绍临床试验和社区试验的区别。

(2) SSaSS 体现了随机对照试验的哪些特征/原则?

对照原则:设置干预组(替代盐组)和对照组(普通盐组)。

随机化原则:干预组和对照组按照 1∶1 的比例随机分配。

盲法原则：随机方案由第三方人员制订；随访资料由研究外部人员收集。

重复原则：研究为多中心，且具有足够的样本量和合理的统计分析方案。

参考文献

[1] 李立明. 流行病学 [M]. 8版. 北京：人民卫生出版社，2017.

[2] 沈洪兵，齐秀英. 流行病学 [M]. 9版. 北京：人民卫生出版社，2019.

[3] Neal B, Tian M, Li N, et al. Rationale, design, and baseline characteristics of the salt substitute and stroke study (SSaSS) —a large-scale cluster randomized controlled trial [J]. American Heart Journal, 2017, 188: 109-117.

[4] Neal B, Wu Y, Feng X, et al. Effect of salt substitution on cardiovascular events and death [J]. The New England Journal of Medicine, 2021, 385 (12): 1067-1077.

（张子龙）

第七章 筛 检

第一节 课程思政教学设计

一、案例教学适用范围

本案例适用于本科生和研究生"流行病学"等课程中筛检相关章节的教学。

二、课程教学目标

1. 知识目标

(1) 掌握筛检的定义和意义。

(2) 掌握阳性(阴性)预测值与灵敏度、特异度、患病率的关系,联合实验对灵敏度、特异度、阳性(阴性)预测值的影响;筛检试验的评价。

2. 能力目标

(1) 通过案例讲述,让学生理解筛检的概念和意义。

(2) 通过案例讨论,让学生理解如何对筛检方法进行综合评价。

3. 价值目标

(1) 通过小组案例讨论的教学活动,增强学生的学习主动性、成就感和自信心,培养学生的团队协作能力。

(2) 通过案例教学,让学生了解筛检在健康中国建设中的重要意义;培养学生的学术道德和规范意识,激发其创新精神,培养其爱国情怀和社会责任感。

三、教学方法

本章课程适宜采用翻转课堂教学法，学生提前讨论案例，线下理论课程授课，充分结合教师讲授、学生讲课、学生小组案例讨论等形式。教师提出讨论问题，将课程教学的知识目标、能力目标和价值目标融入案例讨论。

第二节 课程思政案例及分析

宫颈癌筛查

（一）案例内容

宫颈癌是全世界女性第四常见的癌症。2020年，全球约有60.4万例新发病例，34.2万例死亡。宫颈癌发病率在我国女性恶性肿瘤中居第二位，位于乳腺癌之后。2015年，约有宫颈癌新发病例11.1万，死亡病例达3.4万。宫颈癌的死亡分布情况，总体上农村略高于城市，中西部地区约为东部地区的两倍。

在生命不同阶段采用有效干预措施，可以降低宫颈癌死亡率。2020年，世界卫生组织（World Health Organization，WHO）通过《加速消除宫颈癌全球战略》，推荐采取综合方法预防和控制宫颈癌。其推荐的行动，包括采取生命全程干预措施（如图7-1所示）。《加速消除宫颈癌全球战略》指出，到2030年需实现以下三项目标：90%的女孩在15岁之前完成HPV（人乳头瘤病毒）疫苗接种；70%的妇女在35～45岁之前接受高效检测方法筛查；90%确诊宫颈疾病的妇女得到治疗（90%癌前病变阳性妇女得到治疗，90%浸润性癌病例得到管理）。

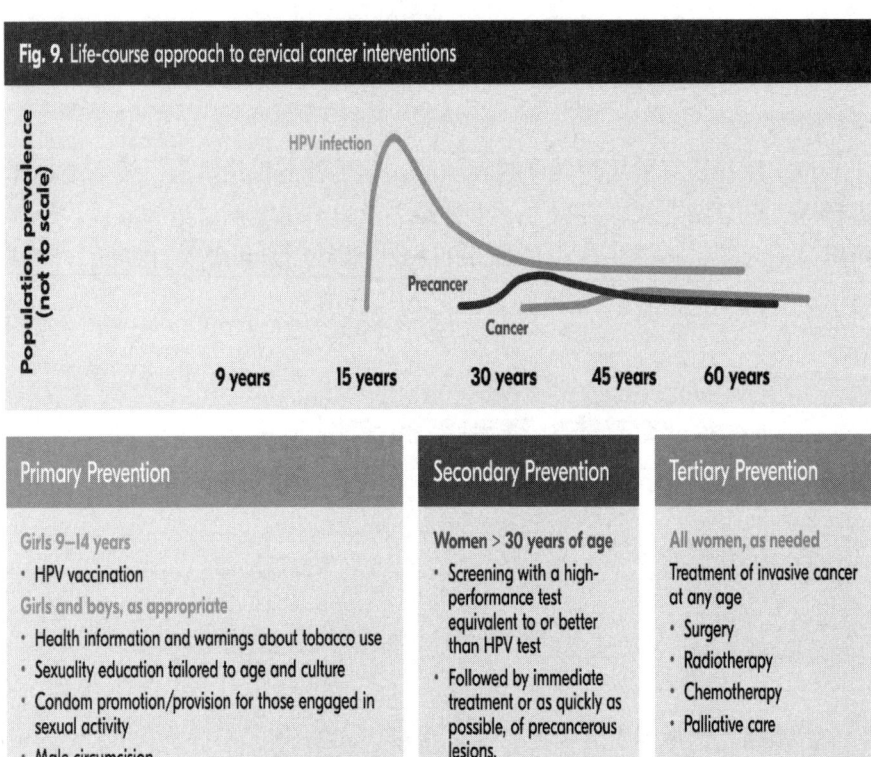

图 7-1　WHO《加速消除宫颈癌全球战略》中宫颈癌的全生命历程防控方法

资料来源：https://www.who.int/publications/i/item/9789240014107。

1. 宫颈癌防治目标

近年来，为降低宫颈癌对女性健康的威胁，我国高度重视宫颈癌防治相关工作。从 2009 年开始积极实施与推广"两癌筛查"项目，并于 2016 年全面铺开。截至 2020 年，宫颈癌检查项目覆盖面扩大到 2600 个县（市、区），全国免费开展宫颈癌检查合计超过 1.3 亿人次，有效促进了宫颈癌早发现、早诊断、早治疗。

2021 年 12 月 31 日，国家卫生健康委办公厅的"两癌筛查"项目工作方案指出坚持预防为主、防治结合、综合施策。以农村、城镇低保妇女为重点，为适龄妇女提供乳腺癌、宫颈癌筛查服务。促进乳腺癌、宫颈癌早诊早治，提高妇女健康水平。到 2025 年年底，实现以下目标：

（1）逐步提高"两癌"筛查覆盖率，适龄妇女宫颈癌筛查率达到

50%以上，适龄妇女乳腺癌筛查率逐年提高。

（2）普及"两癌"防治知识，提高妇女宫颈癌防治意识。适龄妇女"两癌"防治核心知识知晓率达到80%以上。

（3）创新"两癌"筛查模式，提高筛查质量和效率，宫颈癌筛查早诊率达到90%以上，乳腺癌筛查早诊率达到70%以上。

2. 宫颈癌筛查流程

宫颈癌病因明确，绝大多数（95%以上）宫颈癌是由人乳头状瘤病毒引起的，早期诊断是预防的关键所在。流行病学及临床研究显示，高危型人乳头瘤病毒（high risk-human papilloma virus，HR-HPV）持续感染与宫颈癌及癌前病变发生相关，宫颈上皮内瘤变（Cervical inteaepithelial neoplasia，CIN）是宫颈癌发生及进展的重要阶段。CIN及高危HPV的筛检是对宫颈癌高危人群筛查的重要手段。宫颈癌的发生可通过对癌前病变的检查和处理得以有效控制。西方国家的经验显示，宫颈癌发生率在密切筛查的人群中减少了70%～90%。

宫颈癌筛查流程如下：

（1）妇科检查。包括询问病史、外阴及阴道检查、盆腔检查及阴道分泌物检查。

（2）宫颈癌初筛。可采用以下方法。①宫颈细胞学检查（如图7-2所示），原则上每3年筛查一次；②高危型HPV检测（如图7-3所示），原则上每5年筛查一次。

（3）阴道镜检查。对宫颈细胞学检查初筛结果异常或可疑者、HPV高危分型检测结果为16/18型阳性者、其他高危型阳性且细胞学结果异常或可疑者以及肉眼检查异常者进行阴道镜检查。

（4）组织病理学检查。对阴道镜检查结果异常或可疑者进行组织病理学检查。

3. 宫颈癌筛查的临床意义

筛检试验需要进行评价，是将待评价的筛检试验与诊断目标疾病的标准方法，即"金标准"（gold standard）进行同步盲法比较，判定该筛检方法对疾病"诊断"的真实性和价值。"金标准"，指当前临床医学界公认的诊断疾病的最可靠的方法（也称为"标准诊断"）。真实性，指测量值与实际值相符合的程度，故又称准确性。筛检试验的收益，是指经筛检后能使多少原来未发现的病人得到诊断和治疗。

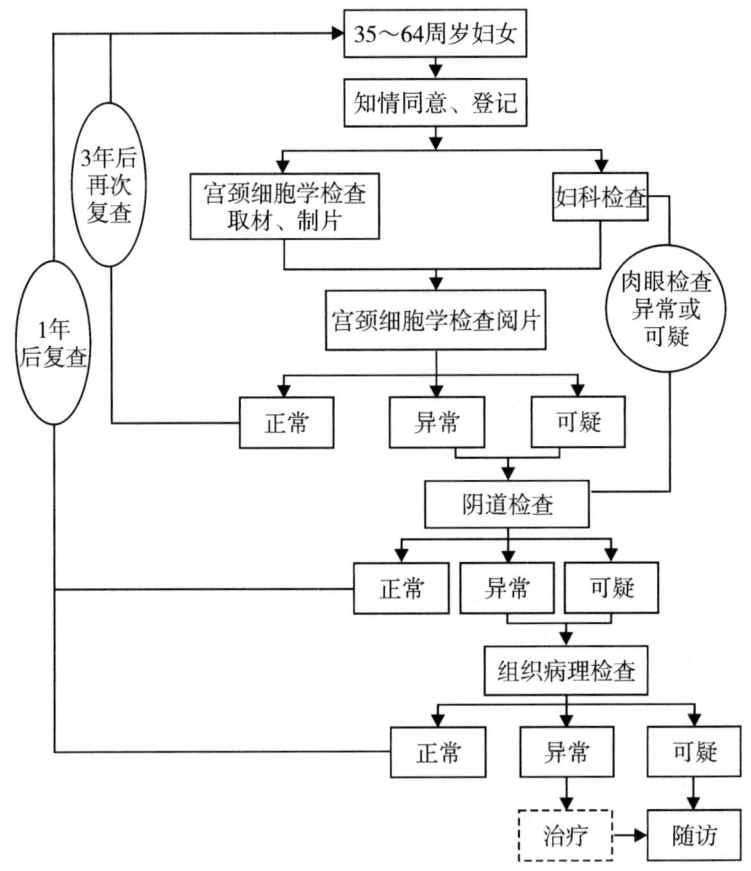

图 7-2 宫颈癌细胞学检查流程

2014 年,管国琴等学者探讨了薄层液基细胞学(TCT)与高危型人乳头瘤病毒(HPV)联合检测在宫颈癌及癌前病变筛查的临床意义。他们以 986 例妇女为研究对象,分别行 TCT、高危 HPV 及阴道镜病理学检查,以病理学检查为"金标准"对 TCT、HPV 及 TCT + HPV 联检进行方法学评价。

(1)研究对象:数据(986 例)均来自 2012 年,为白带异常、宫颈炎、接触性出血、阴道流血就诊患者以及正常体检妇女。参与者年龄范围是 21 ~ 64 岁,平均年龄为 34.9 岁。

(2)薄层液基细胞学(TCT)检查:用塑料毛刷取样器采集宫颈外口和宫颈管的脱落细胞。细胞学诊断按照 2001 年 TBS 报告系统分别为:

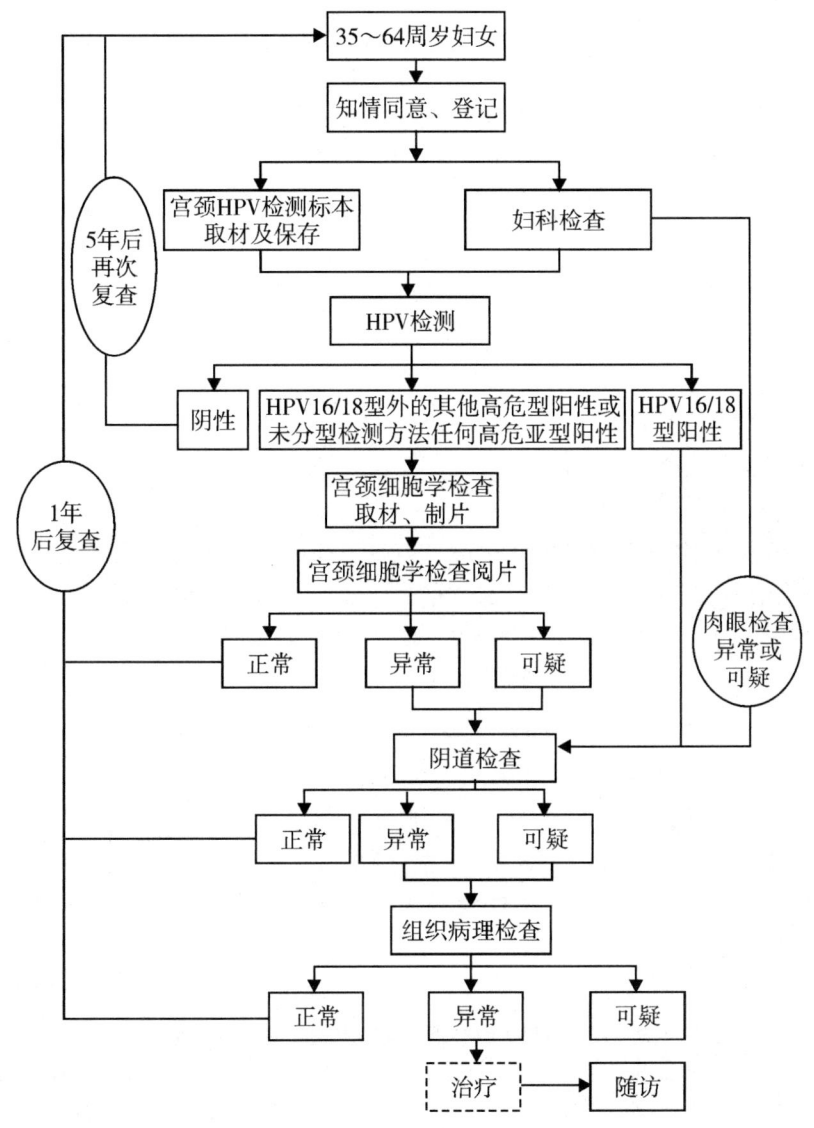

图7-3 高危型HPV检测流程

①正常范围（WNL）；②鳞状上皮细胞异常，不典型鳞状细胞（ASC），包括意义不明的不典型鳞状细胞（ASC-US）和不除外上皮内高度病变的不典型鳞状细胞（ASC-H），鳞状上皮内病变（SIL）包括低度鳞状上皮内病变（LSIL）和高度鳞状上皮内病变（HSIL）、鳞状细胞癌（SCC）；

③腺细胞异常，倾向于肿瘤的不典型腺细胞（AGC）、宫颈管原位癌（AES）、腺癌。细胞学诊断≥ASC，判断为阳性。

（3）高危型 HPV 筛查采用基因芯片法检测：18 种高危亚型 HPV（16、18、31、33、35、39、45、51、52、53、56、58、59、66、68、73、83、HPVMM4）和 5 种低危亚型（11、42、43、44、6）共 23 种 HPV 基因型。

（4）HPV + TCT 联检：采用联合实验中的并联实验方法。HPV、TCT 检查中任何一项的结果阳性时，定为阳性。两项检查结果都是阴性时，定为阴性。

（5）病理学检查（金标准）：对所有研究对象患者进行阴道镜下宫颈组织病理学检查，进行多点活检，组织病理诊断≥CIN Ⅰ为阳性。

（6）统计学计算以及评价。

高危型 HPV 阳性患者阴道镜下组织病理诊断结果（见表 7-1）：高危型 201 例，低位型 19 例。高危型中的病理学活检结果显示 130 例炎症及正常，38 例 CIN1 级，24 例 CIN2 级，8 例 CIN3 级，1 例宫颈癌。

高危 HPV 检查、TCT 及 HPV + TCT 联检的方法学比较（见表 7-2）：HPV 检查灵敏度为 58.3%，特异度为 83.5%。TCT 检查的灵敏度为 48.9%，特异度 97.8%。HPV + TCT 联检方法弥补了两种检查灵敏度都不高的问题，提高筛检整体的灵敏度（86.9%），但会降低特异度（82.2%）。HPV + TCT 联检可以提高宫颈癌及癌前病变的检出率，阴性预测值达 97.4%，即两种方法检测均为阴性，则宫颈癌及癌前病变的发生率概率较小。

表 7-1 HPV 组经阴道镜下组织病理诊断结果

（单位：例）

HPV 组	病理学活检结果					
	炎症及正常	CIN1	CIN2	CIN3	宫颈癌	合计
高危亚型	130	38	24	8	1	201
低危亚型	10	5	4	0	0	19
阴性	709	42	15	0	0	766
合计	849	85	43	8	1	986

表 7-2　高危 HPV 检查、TCT 及联检的方法学比较

方法	灵敏度	特异度	约登指数	符合率	阳性预测值	阴性预测值
HPV	58.3%	83.5%	0.42	80.0%	36.3%	92.5%
TCT	48.9%	97.8%	0.47	90.9%	77.9%	92.2%
HPV + TCT	86.9%	82.2%	0.69	82.8%	44.1%	97.4%

（二）案例分析

1. 思政元素

"两癌"，指的是乳腺癌和宫颈癌。这两种癌症在早期几乎没有症状，不少患者发现时已经是中晚期。乳腺癌发病率占全身各种恶性肿瘤的7%～10%，位居女性恶性肿瘤的第一位。宫颈癌的发病率在女性恶性肿瘤中仅次于乳腺癌，位居第二。我国每年约有10万名妇女被诊断为宫颈癌，约有3万名妇女死于宫颈癌，患者占全球患者总人数的18%。目前，宫颈癌有年轻化趋势，很多患者在35～55岁被诊断出宫颈癌。这严重影响女性的身心健康。

宫颈癌通过筛查是可以做到早发现、早治疗的，早发现不仅对整体的治疗效果好，而且可以避免很多并发症。从2009年开始，国家就把"两癌"筛查纳入重大公共卫生服务项目，为广大农村妇女提供了免费筛查。2019年，国家又将"两癌"筛查纳入了基本公共卫生服务项目。截至2020年，"两癌"筛查工作已经覆盖近2600个县市区，合计开展免费宫颈癌筛查1.3亿人次，免费乳腺癌筛查6400万人次。通过早期筛查、早期诊断和早期干预，众多患病妇女得到及时地救助。2021年，国家卫生健康委发布了《宫颈癌筛查工作方案》《乳腺癌筛查工作方案》，进一步提高"两癌"筛查服务覆盖范围，应用更精准、更高效的筛查方法，强化筛查各个环节的质量控制，让越来越多的城乡妇女，特别是农村和城市低保妇女能够享受高质量的筛查服务。

党的二十大报告提出："推进健康中国建设。把保障人民健康放在优先发展的战略位置，完善人民健康促进政策。""两癌"筛查工作的开展，切实地提高了妇女健康水平，体现了我国医疗服务和保障能力的不断提升，健康中国建设成效显著。

2. 理论元素

筛检，是运用快速、简便的试验、检查或其他方法，将健康人群中那些可能有病或缺陷、但表面健康的个体，与那些可能无病者鉴别开来，是从健康人群中早期发现可疑病人的一种措施。筛检的疾病，应该是当地一个重大的公共卫问题，即该病发病率高，是人群主要死因之一。该疾病应该自然史清晰，有足够的临床前期和可以被识别的疾病标识，有早诊断的方法，且早期干预能显著降低死亡率。

宫颈细胞学检查、高危型HPV检测是对宫颈癌高危人群筛查的重要手段。两者是"两癌筛查"项目中的初筛方法，但是跟"金标准"活检方法相比较也都有各自的局限性。

宫颈脱落细胞学检查，对宫颈癌的早期诊断、防治有重要临床意义。液基细胞学检查，在取样简捷性、制片清晰度及病变阳性检出率等方面有较大的优势，近年逐渐取代了传统巴氏涂片细胞学检查，成为宫颈癌及癌前病变的主要细胞学检查手段。巴氏涂片阳性率低，假阳性较高，取材、制片质量和阅片经验均对结果有较大的影响。液基细胞学在上述方面均有明显的改善。但脱落细胞仍然仅反映当时的细胞形态，尚无法取代病理学诊断。

高危型HPV持续感染，是宫颈癌及癌前病变较为明确的因素之一。高危型HPV检测，是宫颈癌及癌前病变病因学筛查手段。然而，并不是所有HPV病毒感染均会发展成宫颈癌，大部分HPV感染存在一过性，患者可自愈。本例HPV检测阳性者（220人）中，有140人病理学活检结果为炎症及正常。这是因为，高危型HPV感染不一定会发展到癌前病变或者成为宫颈癌，而HPV持续感染的患者发展为宫颈癌的可能性会较高。因此，高危型HPV检测流程中，如果HPV检测呈阳性，宫颈细胞学检查、阴道镜检查、组织病理学检查是正常，那么需要一年后复查。

(三) 课堂讨论

(1) 筛检实验的真实性/准确性评价指标有哪些？

筛检试验的真实性或者效度的评价指标包括：灵敏度和假阴性率、特异度和假阳性率、正确指数、可靠性、预测值、阳性预测值和阴性预测值等。

灵敏度：即实际有病而按该筛检试验的标准被正确地判为阳性的百分

比，反映筛检试验发现病人的能力。

特异度：即实际无病按该筛检试验标准被正确地判为阴性的百分比，反映筛检试验确定非病人的能力。

正确指数：也称约登指数，是灵敏度与特异度之和减去1。表示筛检方法发现真正病人与非病人的总能力。范围在0～1之间，指数越大，其真实性越高。

可靠性：也称信度、精确度或可重复性。指在相同条件下用某测量工具（如筛检试验）重复测量同一受试者时获得相同结果的稳定程度。其评价指标包括符合率和 kappa 指标等。

预测值：反映应用筛检结果来估计受检者患病和不患病可能性的大小的指标。

阳性预测值：指筛检试验阳性结果者真正患病（真阳性）的比例。

阴性预测值：指筛检试验阴性者不患目标疾病的可能性。

（2）本案例联检方法的灵敏度和特异度如何？

在实施筛检时，可采用多项筛检试验检查同一受试对象以提高筛检的灵敏度或特异度，增加筛检的收益，这种方式称为联合试验。本案例中的 HPV + TCT 联检方法弥补了两种检查灵敏度都不高的问题，提高了筛检整体的灵敏度（86.9%），但会降低特异度（82.2%，比这两种方法各自的特异度都低）。

（3）筛检项目还有哪些本案例中没有考虑到的综合评价内容和指标？

收益：指经筛检后能使多少原来未发现的病人得到诊断和治疗（指标：阳性预测值，转诊率或筛查阳性率，早诊/早治率）。提高筛检收益的方法：选择高危人群，选用高灵敏度的试验，采用联合试验。

卫生经济学效果评价：

成本 – 效果分析：研究实施筛检计划投入的费用及其获得的生物学效果。

成本 – 效益分析：研究实施筛检计划投入的费用及其获得的经济效益。

成本 – 效用分析：研究实施筛检计划投入的成本与取得的生命质量改善之间的分析评价方法。

参考文献

[1] 詹思廷. 流行病学 [M]. 8版. 北京：人民卫生出版社，2017.

[2] 黄静，杨湘红，刘爱，等. 农村地区妇女"两癌筛查"项目实施中的问题与对策 [J]. 中国全科医学，2020，23（13）：1680－1686.

[3] 管国琴，吴克萍，徐彬. 高危型HPV筛查联合液基细胞学在宫颈癌筛检临床应用分析 [J]. 中国性科学，2014，23（5）：30－32.

[4] 李玉霞，张燕. 高危型HPV筛查联合液基细胞学检测在宫颈癌筛检中的应用价值 [J]. 海南医学院学报，2014，20（2）：2 23－225.

[5] 许剑利，徐克惠. 高危型HPV检测及TCT检查在宫颈癌筛查中的应用分析 [J]. 实用妇产科杂志，2014，30（12）：946－949.

[6] World Health Organization. Global strategy to accelerate the elimination of cervical cancer as a public health problem [M]. Geneva：WHO，2022.

（王　琼）

第八章　病因及其发现和推断

第一节　课程思政教学设计

一、案例教学适用范围

本案例适用于本科生和研究生"流行病学""流行病学原理和方法"等课程中病因及其发现和推断相关章节的教学。

二、课程教学目标

1．知识目标
（1）掌握流行病学病因的定义和意义。
（2）熟悉病因研究的步骤和方法、熟悉病因推断及病因推断的标准。
（3）了解病因模型和学说。

2．能力目标
（1）通过案例讨论，让学生根据研究目的和假设，进行合理的病因研究设计。
（2）通过案例讨论，让学生参照病因推断原则做出合理的病因推断。

3．价值目标
（1）通过案例讨论的教学活动，增强学生的专业素养、科学研究素养。
（2）病因研究蕴含着辩证推断过程，通过案例教学，启发学生掌握科学认识病因的方法，并建立辩证唯物主义哲学的思想观。

三、教学方法

本章课程适宜线上和线下理论课程授课，可充分结合教师讲授、小组案例讨论等授课形式。教师提出讨论问题，将课程教学的知识目标、能力目标和价值目标融入案例讨论。

第二节　课程思政案例及分析

一、SARS病原发现过程中的启示

（一）案例内容

2002年11月，中国南部广东省出现了一种临床上类似肺炎，但症状、肺部体征、血液化验结果又不像典型肺炎那么典型，具有传染性的疾病。该病在短短数月内，传播到全国乃至全球。2003年1月2日，广东省河源市首先报告该市人民医院内科暴发一起肺炎。当时，该科收治了2例重症肺部感染病人，导致7名医务人员先后感染发病。回顾性调查发现，2002年11月16日，佛山市也曾发生一例类似病例。其后，有5名家属相继感染发病。随后，中山市、广州市也有类似病例报告，并导致收治这类患者的医院医务人员感染。截至2003年6月14日，中国台湾地区发生最后一例临床诊断病例，全球共有32个国家、地区有临床诊断病例报告，累计达8439例。

当时由于原因不明，故称这类疾病为"不明原因肺炎""非典型肺炎"。WHO于2003年2月14日出版的疫情周报中，首次报告中国广东省出现"急性呼吸综合征"（acute respiratory syndrome）。2003年3月15日，WHO将这种疾病正式命名为"严重性急性呼吸综合征"（severe acute respiratory syndrome，SARS）。2003年4月16日，WHO宣布确定该病的病原体为一种新型冠状病毒——SARS冠状病毒，此前从未在人类身上发现过该病毒。

中国是 SARS 的最早发现地和最严重灾区。中国科学家最早展开对 SARS 病原体的研究，但是，首先发现"非典"病原并对病原体进行全基因测序的却是外国科学家，而这并不是由于我国科学家的实验设备落后所致。实际上，在 SARS 研究方面，我国科学家比外国同行拥有更充足、更完善的研究资源。究竟是什么原因使中国科学家错失良机，未能及早发现 SARS 的病原呢？"非典"事件给予我国科学家和科学界的经验教训是什么呢？下面以 SARS 病因研究过程中报道的相关资料为依据，从科学方法论的视角对中国科学家在寻找 SARS 病原上，在优势条件下，败于外国同行的原因做简要分析。以下是 SARS 病原的发现过程。

（1）2003 年 2 月 7 日，中国疾病预防控制中心洪涛院士开始投入非典型肺炎病原研究，通过电子显微镜观察到非典型肺炎病人的尸检肺标本上有衣原体，并于 2 月 18 日向社会公布了这一研究成果。当时人们没有注意到，此时推断衣原体的依据只是"通过电镜，观察到了衣原体的形态"，而且只有两例标本。

（2）2003 年 3 月 5 日，在全国十届人代会和政协会议上，时任第十届政协委员的钟南山院士（广东"非典"指导小组组长）再次表达了对于非典型肺炎的忧虑。他表示，广东非典发病的病原体到现在仍未能确定是何种病原体，虽然有专家提出是衣原体，但在临床治疗过程中按衣原体思路使用抗生素治疗是无效的。钟南山院士坚持说："非典的元凶不是衣原体，而是病毒！"

（3）2003 年 3 月 15 日，世界卫生组织的 Klaus Stohr 博士迅速行动起来，组建了一个实验室网络，使世界各国研究人员的资源能够得到整合。他以世界卫生组织的全球流感监测网络为基础，动员 12 个实验室加入了这一网络。3 月 28 日，中国正式加入世界卫生组织的国际合作网络，实验室的阵容增至 13 家。

（4）2003 年 3 月 18 日，Stohr 博士希望各实验室把注意力集中在副黏液病毒（paramyxovirus）上，德国和中国香港中文大学的实验室宣布已获得了该病毒的电子显微镜照片。5 分钟之后，这个消息就在 WHO 网站上被公布。但是，由英国微生物学家 Malik Peiris 及其同事 K. Y. Yuen 领导的中国香港大学试验室以及由 Larry Anderson 领导的美国疾病预防与控制中心在对 3 月上旬感染病人的样品进行分析后，很快证实上述猜测是错误的。

（5）在中国香港玛丽女王医院的实验室，研究人员试图对任何可能的病原进行培养，将病人黏液样品涂在细胞系（来自不同动物和人的细胞群）表面。他们没有采用常规的三或四个细胞系培养，而是用了多种不同类型的细胞。3月10日，研究人员通过显微镜观察到细胞在受到感染后很快死亡，表明某种病毒正对细胞造成毁灭性破坏。研究人员还发现，潜伏在垂死细胞中的病毒是冠状病毒。美国疾病预防与控制中心采用类似的方法发现，取自病人的组织样品，可以杀死猴子的细胞。研究人员用显微镜对这些细胞进行观察后，也发现与中国香港实验室所观察到的是一样的冠状病毒。

（6）3月21日，美国疾病预防与控制中心将可疑病毒的RNA寄给Joseph De Risi博士。3月22日，De Risi博士的研究结果表明，嫌疑病毒属于冠状病毒科。这有力地表明了SARS的病原是一种冠状病毒。

（7）2003年3月26日，中国香港大学的微生物学家宣称，他们认为该病毒是从动物传播到人的，但目前尚不知道是哪一种动物。

（8）2003年3月28日，中国正式加入世界卫生组织的国际合作网络，原本9国共11家实验室的阵容，因为中国疾病预防控制中心与广东疾病预防与控制中心的参加增至13家。

（9）2003年4月2日，基因测序小组对病毒基因组进行逐段测序，并将测序的结果立即公布在SARS研究网站上。其他实验室则根据网站上公布的结果，对基因组的其他片段进行测序。

（10）2003年4月10日，《人民日报》和《健康报》称，中国疾病预防控制中心病毒病预防控制所李德新教授、毕胜利教授、段淑敏主任和许文波教授等科研人员，取得重大突破，克隆了冠状病毒部分基因，成功分离数株冠状病毒，并开始研制冠状病毒诊断试剂。

（11）2003年4月11日，Robert Holt博士及其研究组用计算机对DNA片段的测序结果进行分析，将各片段的碱基顺序拼合起来。4月12日凌晨2点25分，他们终于完成了第一个SARS可疑病原的基因组序列。随后，他们立即将基因组序列公布在了网站上。他们共测出29736个核苷酸对，绘制出的基因图谱包含3080个碱基序列，确定了这种冠状病毒的近3万个化学单元。同日，新华社公布了军事医学科学院微生物传染病研究所祝庆余、秦鄂德两位研究员的发现，他们在2月底就在一例来自广州某军队医院非典型肺炎尸解标本中，分离并辨认出冠状病毒。但当时只限于形态学上的证明，没有其他方面的证据，研究员未形成正式报告。3月21日，他们通过血清学、免疫学、分子生物学等方面的研究，获得了关于冠状病毒的进一步证明。4月9日，他们进一步对分离出的4株冠状病毒进行了序列测定，最后在4月11日公布这些成果。4月11日，WHO在官方网站发布的消息说，这表明中国内地发现的SARS与中国香港发现的SARS可能具有同源性。

（12）2003年4月12日，新华社报道，广东疾控中心也发现了冠状病毒。此后，北京媒体报道了北京疾控中心发现冠状病毒的消息，并称已经排除了其他病原之可能，包括肺炎衣原体。

（13）2003年4月14日，美国亚特兰大小组将他们的结果公布在网上后，温哥华小组将其与自己的结果进行了比较，发现两个小组的结果完全一致。

（14）2003年4月16日，中国香港的微生物学家宣称，他们的DNA测序结果与加拿大和美国的略有不同。

（15）2003年4月17日，WHO在日内瓦召开的新闻发布会宣布，人类在对抗SARS征途上又取得了一项重大进展，即完成了"科赫法则"中的第4步，也是最后一步的病原确定工作。WHO称，由荷兰Erasmus大学Albert Osterhaus博士领导的研究小组成功地用冠状病毒使供试验的猴子染病，还从被感染的猴子体内分离出该病毒并进行了实验室培养。这是一个正式的证据，表明全球科学家在一个月的通力合作后，成功地找出了SARS的元凶。

（二）课堂讨论

（1）什么是科学原则？科学家开展科学研究为什么要遵循科学原则？

科学原则，是指决策活动必须在决策科学理论的指导下，遵循科学决策的程序，运用科学思维方法来进行决策的行为准则。相对于经验决策而言，科学决策的主要标志是：①信息全面、迅速、准确；②预测科学、及时、正确；③方向对头，目标明确；④方案齐全，相互独立；⑤论证充分，分析恰当；⑥实施步骤清晰、有度；⑦责任明确，要求具体；⑧调控得当，反馈及时。

科学家开展科学研究要遵循科学原则的原因：科学研究，是指对一些现象或问题经过调查、验证、讨论及思考，然后进行推论、分析和综合，来获得客观事实的过程。科学研究是发现、探索和解释自然现象，深化对自然的理解，寻求其规律，容不得半点主观，也就是求真。只有遵循科学的程序，采用科学的方法，符合科学的规范，才能使主观与客观达到统一，使计划切合实际、切实可行。

（2）新发传染病病原确认的"科赫法则"四项法则的具体内容是什么？

一种新的传染病病原体的确定，要遵循的科学原则就是"科赫法则"。这由德国微生物学家罗伯特·科赫于一个世纪前提出。该法则认为，一种新的传染病病原体的确定必须满足以下四个准则：①总能从相应的疾病患者中检测出该病原体；②在其他疾病患者中不能检出该病原体；③该病原体能从相应患者中分离、培养，并能使实验动物发生相同疾病；④能从患该病的实验动物模型中分离或检测到相同的病原体。

（3）对于2003年SARS病原的确认，有些科学家犯的错误是什么？

在2003年SARS疫情病因研究过程中，国内外曾做出衣原体、副粘病毒和禽流感病毒是SARS的病因假设，该假设是基于在SARS患者的病理标本中"看见衣原体"或者是"分离出发现副粘病毒"。负责世界卫生组织SARS研究信息网站的斯托尔对此评论说，用电子显微镜从组织切片上看到一种病毒样颗粒根本不能证明什么，因为人身上都携带有若干微生物，这最多只能说明它满足"科赫法则"的第一项准则，还不能确认为SARS的病因，还需设计一个特异性实验，逻辑地证明或否证它是SARS的病原体。

经WHO的实验室网络研究表明，新冠状病毒的实证符合"科赫法则"的条件，最终冠状病毒被确定为SARS的病因。与中国科学家不同的是，WHO的11个实验室从2003年3月17日开始工作，仅仅一个星期，3月24日就把SARS病原体锁定为冠状病毒。4月13日，加拿大温哥华的基因组科学研究中心的一个研究小组就完成了冠状病毒的全基因组序列。接着，由荷兰Erasmus大学Albert Osterhaus博士领导的研究小组成功地用冠状病毒使供试验的猴子染病，还从被感染的猴子体内分离出该病毒，并成功地进行了实验室培养。即完成了"科赫法则"中的第4步，也是最后一步的病原确定工作。2003年4月17日，WHO在日内瓦召开的新闻发布会宣布，"冠状病毒是SARS的病原体"的假设最终被确认。WHO在声明中说，SARS病原的确认应当归功于全球13个联合行动的实验室。

刘高岑在《科学学研究》发表题为《SARS病原的发现过程及其对中国科学家的启示》的文章并指出："SARS病原的发现过程却恰恰从正反两方面证明了逻辑理性和经验实证在科学研究中的核心地位。"

（4）2003年SARS病原的确认过程给人们的启示是什么？

2003年，SARS病原的确认给人们的启示是：一个新发传染病病原的确认一定要遵循科学原则，即要满足"科赫法则"的四项法则。2021年7月21日，国家卫生健康委副主任曾益新代表中国政府指出，新冠病毒溯源是一个科学问题，中国政府一贯支持科学开展病毒溯源，一定要本着科学原则，按科学规则推动这项工作。

二、生食毛蚶引起甲型肝炎暴发的调查分析

（一）案例内容

1988年1月19日，上海市急性病毒性甲型肝炎（hepatitis A，简称"甲肝"）疫情骤然升级。数日内，发病数成倍增长，共发生急性病毒性肝炎近29万例。此次疫情历时4个月，对当地人民的健康造成了较大的威胁。大量的流行病学研究表明，本次疫情是由于生食毛蚶引起的。在社会各部门的积极合作下，疫情得到有效控制。流行病学所做的病因推断，无疑为制定防疫策略和采取针对性的措施提供了科学依据，起到了重要作用。

1. 利用描述性研究锁定可疑病因为"食物被污染"

（1）通过时间比较，此次"日最高发病数比以往流行年高峰日病例数高53倍"，属暴发流行，可疑原因可锁定在"水或食物被污染"。

（2）通过空间比较可见，其病例分布与水源的分布不一致，排除了水污染的可能。本次疫情暴发涉及12个市区，对供应12个市区的自来水厂进行水质检查，结果均符合卫生指标，不同水厂供水范围与地区罹患率无明显差别，市区居民普遍无饮用生水的习惯。市区各大专院校的学生和各兵种的指战员均饮用同一水厂的自来水，但其罹患率与往年相仿，明显低于市区居民；远离市区的工业区不用上述自来水，由该地区自行供水，其甲肝罹患率与市区发病无差异。

通过以上比较推理，可以得出这样的初步假设：本次的甲肝暴发不是由于水污染，而可能是由于食物污染导致的。

2. 利用分析性研究检验和验证"生吃毛蚶是甲肝暴发的原因"

首先，进行病例对照研究，寻找已知的事实证据，初步检验并完善病因假设：

（1）据1208例病例配对调查发现，病例组在发病前2～6周有各种可疑食物史。

（2）与对照组比较可见，病例组平均食用毛蚶率（88.2%）远高于对照组（41.8%），两组差异极为显著。

（3）120对1∶2匹配病例对照研究结果表明，罹患甲肝与接触肝炎患者、外出就餐、注射或输血、服用药物等因素无关，而与生食毛蚶存在正关联［比值比（odds ratio，OR）=23.2，$\chi^2=69.22$，$P<0.0001$］。至此，经病例对照研究对描述性研究得出的初步假设进行检验，深入推论后认为"被污染的食物"为"毛蚶"，病因假设完善为"此次甲肝暴发流行是食用被污染的毛蚶导致"。

然后，进行队列研究寻找未知事实证据，深入检验病因假设，确定因素与疾病的因果关系。

（1）本次流行前，该市区居民食毛蚶人数估计226万，食毛蚶人群罹患率为119.20‰，未食用毛蚶人群罹患率为5.20‰，相对危险度（relative risk，RR）为23.9。

（2）甲肝的罹患率与毛蚶食用量有关，随着食用量增加，患甲肝的危险性随之增大。

（3）食用毛蚶的方式不同，感染甲肝的危险不同。与不食用毛蚶者相比，煮食、泡食、腌食毛蚶者罹患甲肝的危险性显著增加，RR分别为10.1、25.9和56.8。利用队列研究进行了更为深入的病因探索，对前述的病因假设进行了进一步验证，得出结论："生吃毛蚶是本次甲肝暴发的原因"。

3. 结合病因推断标准，得出"1988年上海市民由于食用产地被甲肝病毒污染的毛蚶导致甲肝的暴发流行"

（1）经时间比较发现，食用毛蚶与患甲肝符合关联的时间顺序，先有原因后得结果。分析人群在1987年12月和1988年1月食用毛蚶的时间分布，可见食用毛蚶高峰日分别为12月20日、12月25日和1月1日，而本次甲肝流行的 3 个高峰日分别是 1 月 20 日、1 月 25 日和 2 月 1 日，正好间隔甲肝常见潜伏期（30 天）。

（2）经空间比较发现，食用毛蚶与患甲肝符合关联的合理性，实验室检查结果和产地调查都支持此结论。实验室通过检查流行期间从毛蚶产地采集的毛蚶，用细胞培养法分离到 HAV，并从该地流行前市售毛蚶、病人粪便中找到形态一致的病毒样颗粒。毛蚶来自 1987 年 12 月 9 日至 1988 年 1 月 3 日江苏启东吕泗港，1987 年 12 月中旬集体批发 4 次，个体户的毛蚶大量流入上海，而 1987 年是江苏启东县肝炎流行年。

（3）关联强度越大，病因的可能性就越大。病例对照研究获 OR 值为 23.2，队列研究获煮食、泡食、腌食毛蚶的 RR 分别为 10.1、25.9 和 56.8，均大于 10，有很强关联。

（4）实验感染研究表明，毛蚶可浓缩甲肝病毒 29 倍，且甲肝病毒可在毛蚶体内存活 3 个月之久。

至此，病因研究结束，得出确定性结论，1988 年上海的甲肝暴发流行是由于食用产地被污染的毛蚶引起的。

（二）课堂讨论

（1）病因研究的过程有哪几个步骤？对照上述案例的描述，病因研究的过程是什么？

病因研究的过程有三个步骤：首先，通过描述流行病学研究或病例对照研究找出病因线索和提出病因假设；其次，通过病例对照研究或队列研究检验病因假设，进一步用实验流行病学研究验证病因假设；最后，参照病因推断的原则做出病因推断。

上述案例中，病因研究的过程为：首先，通过实践和空间描述性分析发现病因线索，提出"本次的甲肝暴发不是由于水污染，可能是由于食物污染导致的"的病因假设；其次，通过病例对照研究检验病因假设，确认"生吃毛蚶是甲肝暴发的原因"；最后，通过实验室研究分离出甲肝病毒，以及参照病因推断标准，得出确定性结论，即 1988 年上海的甲肝暴发流行是由于食用产地被污染的毛蚶引起的。

（2）病因判断的常用标准是什么？1988 年上海市急性病毒性甲型肝炎暴发流行原因的确定符合病因判断的什么标准？

病因判断的常用标准是：关联的时间顺序、关联的强度、剂量－反应关系、暴露与疾病的分布一致性、关联的可重复性、关联的合理性、暴露终止效应。

1988年上海市急性病毒性甲型肝炎暴发流行原因的确定符合病因判断的以下标准：病因关联的时间顺序、关联的强度、剂量－反应关系、暴露与疾病的分布一致性、关联的可重复性、关联的合理性。

(3) 1988年上海市急性病毒性甲型肝炎暴发流行原因的确定给人的启示是什么？

在探索甲肝暴发的病因时，先后采用了描述性研究、分析性研究的方法，结合实验室检查结果，从感性到理性，由现象到本质，由简单到复杂，层层深入直至得到真相"生吃毛蚶是导致甲肝暴发的原因"，其中始终贯穿着辩证推断。

辩证唯物的观点认为，病因是一个整体性的概念，疾病与病因之间、病因与病因之间存在着相互联系和作用。在探索病因的过程中，要得出科学、准确的病因推断，不能停留在感性认识上，而应该运用科学的逻辑思维，将丰富的感觉材料加以去粗取精、去伪存真，进行由此及彼、由表及里的改造制作，最终升华到理性认知。病因推断的过程处处蕴含着辩证思维，只有在辩证思维的指导下，才能摒除事物之间表面的、虚假的联系，抓住事物之间内在的、本质的联系，从而得出科学准确的病因推断结果。

所以，流行病学工作者应努力提高哲学素养，善于运用哲学思维，在错综复杂的事件面前，以理性思维把握事件的趋势和全貌，最终做出科学的判断。

参考文献

［1］詹思延. 流行病学［M］. 8版. 北京：人民卫生出版社，2017.

［2］李永华，庄辉. 传染性非典型肺炎的病原学研究进展［J］. 中华流行病学杂志，2003（5）：12－13.

［3］罗会明，余宏杰，倪大新，等. 传染性非典型肺炎的病因研究和现场调查思路［J］. 中华流行病学杂志，2003（5）：6－9.

［4］刘高岑. SARS病原的发现过程及其对中国科学家的启示［J］. 科学学研究，2004（1）：18－22.

［5］谷业凯. 坚持科学规则推动溯源工作［N］. 人民日报，2021－07－23（15）.

［6］张秀娟，张义喜. 流行病学病因研究的思考［J］. 中外医疗，2009，28（9）：115-116.

［7］Ning Wu，Luo Peng. 追寻SARS病原的科学历程和启示［EB/OL］. https://www.renven.net/threads/%E8%BF%BD%E5%AF%BBsars%E7%97%85%E5%8E%9F%E7%9A%84%E7%A7%91%E5%AD%A6%E5%8E%86%E7%A8%8B%E5%92%8C%E5%90%AF%E7%A4%BA.3256/.

（陈维清）

第九章 预防策略

第一节 课程思政教学设计

一、案例教学适用范围

本案例适用于本科生和研究生"流行病学"等课程中疾病预防相关章节的教学。

二、课程教学目标

1. 知识目标
(1) 了解我国疾病防控体系的现状和挑战。
(2) 掌握疾病三级预防的概念及措施。

2. 能力目标
既要知晓"三级预防"的群体概念,又要掌握"三级预防"的个体实践技能,应用于个人和社区。

3. 价值目标
(1) 通过了解新中国成立以来我国在公共卫生方面取得的成就,增强学生对中国共产党领导的中国特色社会主义制度优越性的自信。
(2) 认识我国在疾病防控体系中存在的挑战,培养学生的家国情怀,加强其责任意识。
(3) 通过对"三级预防"概念的深入思考,增强学生对预防医学专业重要性的理解,培养其专业自豪感。

三、教学方法

本章课程适宜采用课堂讲授教学，辅以课堂讨论。

第二节　课程思政案例及分析

中国人口生存状况的持续改善，人口寿命不均等的变化

（一）案例内容

1950年以来，中国女性人口预期寿命经历了快速的增长（如图9-1所示）。在1930年初，中国人口预期寿命不到35岁，1937—1949年间，婴儿死亡率和人口粗死亡率分别高达125‰～200‰和18‰～30‰。中华人民共和国成立后，中国政府和人民在公共卫生、医疗保健方面做出了巨大的努力，极大地改善了中国人口的健康水平。男、女性预期寿命从1953—1964年的47.31岁和50.51岁分别增长到1982年的67.10岁和69.14岁。1982年之后，中国人口预期寿命的增长有所趋缓。一方面，与许多发达国家类似，中国人口预期寿命达到70岁左右出现增速减缓；另一方面，改革开放初期在中国农村和城镇进行的一系列改革措施中存在一些不利于健康改善的因素。尽管如此，在1981—2010年间中国人口预期寿命基本保持着与人类最高预期寿命几乎同样的增长速度，并在1990年超过了俄罗斯等东欧国家。可以说，无论从纵向历史发展的角度还是从横向国际比较的角度，作为一个发展中大国，中国在改善人口健康状况方面可谓成就卓越。

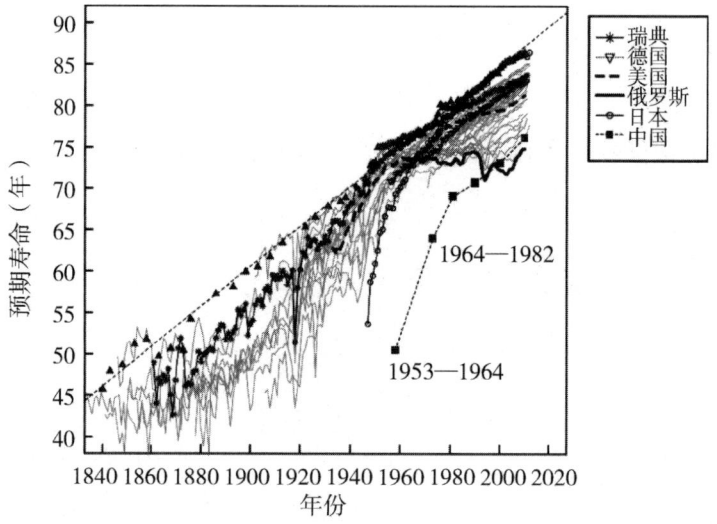

图9-1　1840—2013年世界主要发达国家与中国的女性预期寿命

资料来源：张震. 1950年代以来中国人口寿命不均等的变化历程［J］. 人口研究，2016，40（1）：8-21.

如图9-2所示，1949年新中国成立之初，中国女性人口的寿命损失（指因各种原因造成受害人寿命缩短而引起的损失）高达21.1年，随后开始快速下降，到1990年超过俄罗斯及一些东欧国家，在2010年达到10.6年，低于同期美国的水平（10.8年），与其他发达国家的差距也进一步缩小。从人类寿命不均等（指社会成员无法公平地分享寿命延长的成果）的历史进程来看，中国寿命不均等的进程比发达国家晚了60年左右。瑞典女性寿命损失在1902年为21.7年，接近中国1950年的水平，到1964年、1965年降至10.7年和10.5年，与中国2010年的水平相当。基本上，寿命损失从20年下降到10年，多数发达国家或地区都用了大约60年时间，中国也不例外。对此，日本和美国是两个极端。前者的寿命损失从21.5年降到10.5年只用了25年时间，后者从1933年的寿命损失为17.5年（人类死亡率数据库所能提供的最早数据），下降到2010年的10.9年，总共用了77年。相比来说，中国人口寿命不均等下降的步伐与这方面比较成功的发达国家（如瑞典、德国等）比较接近。

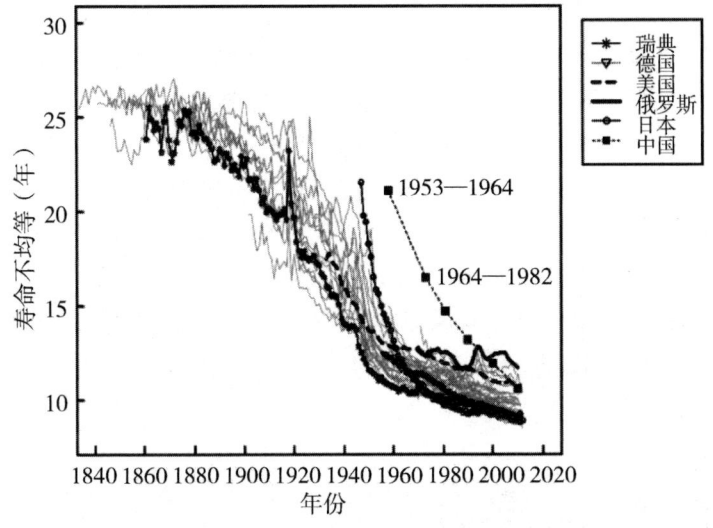

图9-2　1840—2013年世界主要发达国家与中国的女性人口寿命不均等

资料来源：张震. 1950年代以来中国人口寿命不均等的变化历程［J］. 人口研究，2016，40（1）：8-21.

（二）课堂讨论

（1）我国人口生存状况在新中国成立前后有哪些改变？

在过去的半个多世纪中，无论是从预期寿命还是从寿命不均等的角度来看，中国在改善人口生存状况上可谓成就卓越。1950年以来中国人口预期寿命与寿命不均等的变化轨迹见证了中国人民"既活得长又活得公平"的过程。1949年新中国成立之初，中国人口预期寿命大约在35～40岁，到2010年预期寿命已经达到76岁（男女合计）；新中国成立之初的中国人口寿命不均等只相当于瑞典1900年的水平，但随后就开始迅速下降，近年来已经接近发达国家的平均水平。

（2）"中国人口寿命不均等的进展大大超前于中国的经济发展水平"的原因是什么？

在结合经济发展水平进行国际比较中发现，自1990年以来，中国基本上都能在相同的收入水平上，把寿命不均等降到极低的程度。这是非常了不起的成就。一方面，这可能源于中国在健康投资方面的高效率；另一方面，中国在健康卫生领域的制度安排有助于促进全国范围内的健康公平，而这类制度因素的影响是单纯的人均收入指标衡量不出的。联合国开发计划署编制的《中国人类发展报告2005：追求公平的人类发展》指出，如果按照人均GDP和预期寿命之间的经验关系来说，中国广大中西部地区的人口预期寿命对于当地社会经济发展水平具有超前性。这在很大程度上得益于中央政府对欠发达地区进行的转移支付（包括教育和健康等投入），这极大地促进了当地居民健康状况的改善。一个典型的例子是，2009年卫生部和财政部联合发文，由中央财政拨款对欠发达地区的住院分娩进行财政补贴，这一政策能大幅降低低收入地区的婴幼儿和孕产妇死亡率。很显然，这些因素促成的健康改善与当地经济发展水平不一定有内在的联系，但是却使中国在整体人口寿命不均等上的表现远远好于其他同等收入国家。

（3）从新中国人口生存状况的历史过程来看，有哪些经验和教训？

中华人民共和国成立以来，中国政府和人民在健康卫生事业上付出的智慧与努力，极大地改善了人口健康状况，在提高预期寿命和降低寿命不均等上的大量实践与经验值得我们深入分析和思考。我们有望能从中总结出有助于改善全球特别是广大发展中国家人口生存状况的实践模式。当然，我们也应看到，中国在健康和卫生医疗领域仍然存在一些有待解决和改善的问题，如健康资源分配在地区、城乡、不同群体之间还存在很大差距，如何缩小这些差距将是未来中国社会发展需要重点关注的问题之一。所幸，这些问题在2006年以来的新一轮卫生医疗改革中，已经得到相当程度的重视。相信随着这些问题在未来的逐步解决，中国人口的生存状况将得到进一步的改善，社会成员将不仅能活得更长寿，也能享受更为均等的生存机会。

（4）中国共产党第二十次全国代表大会报告提出了哪些策略和措施，以进一步改善和提高我国人口生存状况？

中国共产党第二十次全国代表大会报告中，特别提到要进一步"健全社会保障体系"。健全覆盖全民、统筹城乡、公平统一、安全规范、可持续的多层次社会保障体系。完善基本养老保险全国统筹制度，发展多层次、多支柱养老保险体系。扩大社会保险覆盖面，健全基本养老、基本医疗保险筹资和待遇调整机制，推动基本医疗保险、失业保险、工伤保险省级统筹。促进多层次医疗保障有序衔接，完善大病保险和医疗救助制度，落实异地就医结算，建立长期护理保险制度，积极发展商业医疗保险。加快完善全国统一的社会保险公共服务平台。健全社保基金保值增值和安全监管体系。健全分层分类的社会救助体系。坚持男女平等基本国策，保障妇女儿童合法权益。完善残疾人社会保障制度和关爱服务体系，促进残疾人事业全面发展。

党的二十大报告还提出"推进健康中国建设"。优化人口发展战略，建立生育支持政策体系，降低生育、养育、教育成本。实施积极应对人口老龄化国家战略，发展养老事业和养老产业，优化孤寡老人服务，推动实现全体老年人享有基本养老服务。深化医药卫生体制改革，促进医保、医疗、医药协同发展和治理。促进优质医疗资源扩容和区域均衡布局，坚持预防为主，加强重大慢性病健康管理，提高基层防病治病和健康管理能力。深化以公益性为导向的公立医院改革，规范民营医院发展。发展壮大医疗卫生队伍，把工作重点放在农村和社区。重视心理健康和精神卫生。促进中医药传承创新发展。创新医防协同、医防融合机制，健全公共卫生体系，提高重大疫情早发现能力，加强重大疫情防控救治体系和应急能力建设，有效遏制重大传染性疾病传播。深入开展健康中国行动和爱国卫生运动，倡导文明健康生活方式。

参考文献

[1] 张震. 1950年代以来中国人口寿命不均等的变化历程[J]. 人口研究, 2016, 40（1）: 8-21.

（任泽舫）

第十章 公共卫生监测

第一节 课程思政教学设计

一、案例教学适用范围

本案例适用于本科生和研究生"流行病学"等课程中公共卫生监测相关章节的教学。

二、课程教学目标

1. 知识目标
(1) 了解公共卫生监测的概念。
(2) 了解发达国家公共卫生监测的现状。
(3) 掌握我国现行疾病监测的内容。

2. 能力目标
具备提出需要进行监测病因与疾病以及监测方案建议的能力。

3. 价值目标
通过比较我国与西方发达国家在公共卫生监测方面的优势和不足,增强学生对中国特色社会主义制度的自信,培养其家国情怀,增强其责任意识。

三、教学方法

本章课程适宜采用课堂讲授与讨论相结合的教学方法。

第二节 课程思政案例及分析

中国肿瘤登记系统的历史与现状

（一）案例内容

我国的肿瘤登记自20世纪50年代起步至今，历经了50年代艰难萌芽、70—80年代起步发展、90年代项目维持、新世纪的快速发展，如今已走过60多年的发展历程。60年来，从无到有、从小到大。60年来，风雨兼程、愈挫弥坚。这离不开几辈专业人士的拓荒与坚守，更离不开党和国家的关怀与呵护。肿瘤登记工作是中国癌症防控工作的重要组成部分，中国的肿瘤登记发展史，不仅是中国人民防癌抗癌历程中浓墨重彩的一笔，而且是党和国家持续关注人民健康，长期谋划、大力推进全国癌症防控工作奋斗史中的重要组成部分。

（1）中国肿瘤登记萌芽建立期（1957—1972年）。

1969年，根据周恩来总理的指示，全国肿瘤防治研究办公室成立，肿瘤登记作为防控的基础工作，在很长一段时间内是肿瘤防治研究办公室的主要工作内容。政府主导的肿瘤防控机构的成立，拉开了新中国肿瘤防控工作的序幕，中国踏上探索适应我国癌症实际情况的肿瘤登记道路。

（2）中国肿瘤登记起步发展期（1973—1986年）。

肿瘤登记工作的初始萌芽阶段，我国处于计划经济时代，政府、肿瘤防办、国家级和地方肿瘤防治机构利益一致。因此，政令一出，各项工作能够畅通无阻，各级机构也能够通力合作。改革开放以后，市场经济迅速发展，由于国家尚未把肿瘤登记及癌症预防工作纳入卫生工作计划，慢性病预防工作被忽视，基层肿瘤防治体系面临着空前的挑战，相当一部分癌症高发现场的肿瘤登记及群防群治工作由于经费短缺而难以为继。部分状况较好的高发现场，其经费或来源于国内外重大科技项目的支持，或由于临床诊治工作收益较好，或来于地方政府给予的特殊支持。反观多数现场，由于体制机制的转变，运转经费短缺，人员流失，正常工作难以为继,甚至多年积累的流行病学资料研究工作都处于停顿状态,高发现场防治工作面临新的抉择和挑战。其间,肿瘤防治研究办公室于1982年一度被取消。令人欣慰的是,党和国家及时决策,于1986年1月重新成立全国肿瘤防治研究领导组,设立"全国肿瘤防治研究办公室",确保了肿瘤登记和防控工作的持续性。

(3) 中国肿瘤登记项目维持期(1986—2001年)。

1986年,基于肿瘤登记数据,中国第一个国家防控计划《全国肿瘤防治规划纲要(1986—2000年)》发布。其中,将肿瘤登记人口覆盖率提高5%为全国癌症防控计划的重要目标之一。在全国肿瘤防办的组织下,又先后制定了"七五""八五""九五"癌症防治计划,出版了《中国肿瘤登记试行规范》《中国常见恶性肿瘤诊治规范》《中国常见恶性肿瘤筛查方案》《肿瘤医院分级管理标准》和《肿瘤医院登记评审标准》等指导性方案及文件,肿瘤登记及癌症防治工作进入了较为科学、规范的发展阶段。

(4) 中国肿瘤登记快速发展期(2002年至今)。

进入新世纪后,肿瘤已经成为全世界各个国家必须要面对的公共卫生问题。随着人口老龄化逐渐加剧、工业化和城镇化进程的不断加快,以及慢性感染、不健康生活方式、环境暴露等癌症危险因素的不断累加,我国癌症负担日益加重。党和国家审时度势,及时做出部署。2002年7月,经原卫生部疾病预防控制局批准,成立全国肿瘤登记中心,下发"卫生部疾病控制司关于在全国开展肿瘤登记工作的函",对《中国恶性肿瘤登记规范》进行重新修订和增补,公开发行《中国肿瘤登记工作指导手册》,正式开始在全国开展肿瘤登记报告工作。自此,全国肿瘤登记工作开始逐步走向正轨,定期开展督查与业务培训,并每年召开总结会议。

截至2020年年底,肿瘤登记已覆盖全国1152个县区,覆盖人口5.98亿。全国肿瘤登记中心已完成了《中国肿瘤登记数据集》团体标准制定并开始推广实施,完成了全国肿瘤登记信息平台建设工作,新平台采取国家-省-市-县-乡的五级管理制度,已经创建注册使用机构49000多家,实现各省全覆盖,为最终实现患者的跨省/市/县乡/镇各级地域的诊疗信息溯源、多源数据交叉融合、深度挖掘使用奠定了良好基础。如今,我国肿瘤登记工作的国际影响力逐步扩大,被国际评为肿瘤登记数据质量一类地区。同时,中国专家首次入选国际肿瘤登记协会执行委员会亚洲区代表，主动承担国际及区域肿瘤登记责任，不断为世界肿瘤登记工作贡献中国智慧。目前，我国已建成覆盖全国的肿瘤登记随访监测系统，连续动态发布肿瘤登记年报，持续推进肿瘤生存随访，已经探索出了符合我国实际的肿瘤登记道路。

（二）案例分析

（1）理解肿瘤登记等疾病监测工作的重要意义。

肿瘤防控工作已经成为国家健康工作的重要内容，迎来了前所未有的发展机遇，肿瘤防控再出发，肿瘤登记先行。随着肿瘤等慢性非传染性疾病负担在世界公共卫生问题中的比重逐步加重，肿瘤等慢性病基础数据收集的必要性、连续性、重要性必将日益凸显。进一步提升肿瘤登记数据质量，促进登记数据与死因监测数据、临床诊疗信息数据、人口数据、医保数据等其他信息的对接交换、互联互通，促进信息资源共享利用，是肿瘤登记工作的重中之重，也是大势所趋。

（2）厘清我国肿瘤登记工作的发展历程，体会我国特色社会主义制度对肿瘤登记工作的促进作用。

《健康中国行动——癌症防治实施方案（2019—2022年）》明确提出具体措施，如："到2022年，纳入国家肿瘤登记年报的登记数量不少于850个。"而为推动肿瘤登记工作，需以制度标准、数据质量和资源共享为切入点，通过"扩面""提质""增效"推进癌症信息化行动，最终实现中国肿瘤数据实时上报、动态监测和多维呈现，实现肿瘤登记、科研项目及大数据利用分析融合发展，及时有效地为我国肿瘤防控的政策制定、工作实施、效果评估等提供科学依据，让全国肿瘤防治信息高速公路全部贯通。

60多年转瞬即逝，但中国肿瘤登记的过去并未远去，我们仍在前辈蹚出的道路上坚定前行。回顾这60多年从小到大、从弱到强的发展历程，我们能够体会前辈的艰辛与坚守，我们心存感激，我们更骄傲自豪，几辈人薪火相传，已经探索出了符合我国国情的肿瘤登记道路。我们感恩前辈的筚路蓝缕、砥砺付出，最好的回报是传承和发展，我们深信，在党和国家健康中国战略的指引下，肿瘤登记工作必将会成绩斐然，再创辉煌。

（3）中国共产党第二十次全国代表大会报告对肿瘤工作的指导意义。

中国共产党第二十次全国代表大会报告中，特别提到了"推进健康中国建设",强调人民健康是民族昌盛和国家强盛的重要标志,把保障人民健康放在优先发展的战略位置,完善人民健康促进政策。促进优质医疗资源扩容和区域均衡布局,坚持预防为主,加强重大慢性病健康管理,提高基层防病治病和健康管理能力。肿瘤登记工作是重大慢性病管理的基础,必须进一步完善,并为其他慢性病登记管理提供经验。

参考文献

[1] 魏文强,张思维,李敏娟. 中国肿瘤登记发展历程 [J]. 中国肿瘤,2021,30 (9):641-647.

[2] 国家卫生健康委. 健康中国行动:癌症防治实施方案(2019—2022年)[A/OL]. https://www.gov.cn/zhengce/zhengceku/2019-11/13/content_5451694.htm.

(任泽舫)

第十一章 传染病流行病学

第一节 课程思政教学设计

一、案例教学适用范围

本案例适用于本科生和研究生"流行病学"等课程中传染病流行病学相关章节的教学。

二、课程教学目标

1. 知识目标
（1）掌握流行过程、传染源、潜伏期、疫源地等概念，传染病的影响因素以及针对传染病的预防策略与措施。
（2）熟悉免疫规划及效果评价。
2. 能力目标
通过案例讨论，让学生在面对传染病时，能够采取有效的措施保护自己、保护他人。
3. 价值目标
（1）通过小组案例讨论的教学活动，增强学生的学习主动性、成就感和自信心，培养学生的团队协作能力。
（2）通过案例教学，让学生了解流行病学在医学研究中的重要作用，树立学生的学术道德和规范意识，激发学生的创新精神，培养学生的爱国情怀和社会责任感。

三、教学方法

本章课程适宜采用翻转课堂教学法,学生提前自学慕课和讨论案例,线下理论课程授课可充分结合教师讲授、学生讲课、小组案例讨论等授课形式。教师提出讨论问题,将课程教学的知识目标、能力目标和价值目标融入案例讨论。

第二节　课程思政案例及分析

新冠疫情:钟南山院士的先进典型事迹

(一)案例内容

新冠疫情①,是新中国成立以来发生的传播速度最快、感染范围最广、防控难度最大的一次重大突发公共卫生事件。在这场严峻的疫情防控斗争中,84岁的钟南山院士临危受命,出任国家卫生健康委员会高级别专家组组长。老院士闭目倚靠在高铁餐车座椅上的照片,在互联网上被刷屏,让许多人泪目,也让这位敢讲真话、敢涉险滩、敢啃硬骨的老人,成为超级明星、全民偶像。钟南山是一位长者、一位医者、一位仁者,有院士的专业,有战士的勇猛,更有国士的担当。

在全国疫情早期,钟南山院士认为,面对此次疫情,最原始、最有效的方法仍是"早发现、早隔离"。"为此我们政府和相关部门采取了多项全国性的举措:延长假期、交通管制、公共场所体温检测排查、积极宣讲少聚集和个人防护知识等,而国民公共安全意识的提高也保证了相关举措的顺利实施。"钟南山说:"这些举措有效阻断传染源,大大减少二代、

---

① 2020年2月7日,国家卫生健康委员会将"新型冠状病毒感染的肺炎"暂命名为"新型冠状病毒肺炎",简称"新冠肺炎"。2022年12月26日,国家卫生健康委员会将"新型冠状病毒肺炎"更名为"新型冠状病毒感染"。本书将"新冠肺炎疫情"简称为"新冠疫情"。

三代传染，我们判断此次疫情有望在未来 10 天至两周左右出现高峰，但我们仍需加强防控，不可放松警惕。"

"没什么特殊情况，不要去武汉。"疫情蔓延时，中国工程院院士钟南山向公众发出紧急呼吁，自己却"逆行"冲往防疫最前线。"有人传人，特别是有医务人员感染"，"抓住两个要害：早发现、早隔离"，"启动一级响应，目的就是减少互相感染的机会"……迅速判断，精准建议，从武汉到北京再回到广东，钟南山带领团队连续辗转多地，在科学救治和科技攻关两条战线上奋战。"劲头上来了，很多东西都能解决。"钟南山的话虽简短却有力。

（二）课堂讨论

（1）钟南山院士在疫情初期提出了哪些措施？请你详细说说针对传染源、传播途径、易感人群分别应采取哪些措施。

钟南山院士在疫情初期提出"早发现、早隔离""延长假期、交通管制、公共场所体温检测排查、积极宣讲少聚集和个人防护知识"等措施。

针对传染源的措施：

①对病人的措施：主要是早发现、早诊断、早报告、早隔离、早治疗。早期发现和诊断有利于病人及时接受治疗，有效控制传染源，阻断疾病的传播；及时准确地报告传染病能为正确研判疫情趋势、制定传染病防控策略与措施提供科学依据；隔离病人是将其与周围易感者分隔开来，传染病病人或疑似病人一经发现要立即实行分级管理，减少或消除病原体扩散；治疗病人有助于减弱其作为传染源的作用，防止传染病在人群中的传播和蔓延。

②对病原携带者的措施：对甲类传染病及甲类管理的乙类传染病的病原携带者应予以隔离治疗。有些传染病病原携带者的职业和行为将受到一定的限制。

③对接触者的措施：凡与传染源（病人、病原携带者、疑似病人）有过密切接触并可能受感染者应在指定场所进行留验、医学观察和采取其他必要的预防措施。

④动物传染源的措施：根据感染动物对人类的危害程度和经济价值，采取隔离治疗、捕杀、焚烧、深埋等措施。此外，还要做好家畜和宠物的预防接种和检疫。

(2) 新冠疫情的报告时限是多久？其他法定传染病的报告时限是多久？

①2023年1月7日，国务院联防联控机制综合组发布的《新型冠状病毒感染防控方案（第十版）》规定，新型冠状病毒感染实施"乙类乙管"后的疫情防控工作。一旦诊断新型冠状病毒确诊病例和无症状感染者后应在24小时内通过中国疾病预防控制信息系统进行网络直报。

②责任报告单位和责任疫情报告人发现甲类传染病和乙类传染病中的肺炭疽、传染性非典型肺炎等按照甲类管理的传染病病人或疑似病人时，或发现其他传染病和不明原因疾病暴发时，应于2小时内将传染病报告卡通过网络报告。

③对其他、丙类传染病病人、疑似病人和规定报告的传染病病原携带者，实行网络直报的责任报告单位应于病例诊断24小时内进行网络报告。不具备网络直报条件的医疗机构应及时向属地乡镇卫生院、城市社区卫生服务中心或县级疾病预防控制机构报告，并于24小时内寄送出传染病报告卡至代报单位。

(3) 可以从哪些方面评价新冠肺炎疫苗的免疫规划效果？

免疫规划的效果评价包括免疫效果、流行病学效果和免疫规划管理3个方面。

①免疫学效果评价。

通过测定接种后人群抗体阳转率、抗体平均滴度和抗体持续时间来评价免疫学效果。如脊髓灰质炎中和抗体≥1∶4或有4倍以上增高，麻疹血凝抑制抗体≥1∶2或有2倍及以上增高等。

$$抗体阳转率 = \frac{抗体阳转人数}{疫苗接种人数} \times 100\%$$

②流行病学效果评价。

可采用随机双盲对照的现场试验结果来计算疫苗保护率和效果指数。

$$疫苗保护率 = \frac{对照组发病率 - 接种组发病率}{对照组发病率} \times 100\%$$

$$疫苗效果指数 = \frac{对照组发病率}{接种组发病率}$$

③免疫规划管理评价。

免疫规划工作质量的考核内容包括组织领导、保障措施及社会动员、机构建设及专业人员培训、国家免疫规划工作的实施与管理、冷链管理及运转、疫苗的使用管理、国家免疫规划疫苗的接种率评价、国家免疫规划疫苗针对传染病的疫情监测及其控制、免疫监测完成情况、疑似预防接种异常反应报告、处理及安全注射管理等。主要考核评价指标有建卡率、疫苗合格接种率、国家免疫规划疫苗覆盖（全程接种）率等。

参考文献

［1］詹思延. 流行病学［M］. 8版. 北京：人民卫生出版社，2017：190－213.

［2］中华人民共和国最高人民法院. 人民法院依法惩处妨害疫情防控犯罪典型案例（第三批）［EB/OL］. https://www.court.gov.cn/zixun-xiangqing-225671.html.

［3］陈芳，董瑞丰，陈聪，等. 共和国的战"疫"时刻［J］. 求是，2020，（5）：68－76.

（杨　音）

第十二章　慢性病流行病学

第一节　课程思政教学设计

一、案例教学适用范围

本案例适用于本科生和研究生"流行病学"等课程中慢性病流行病学相关章节的教学。

二、课程教学目标

1. 知识目标

（1）掌握慢性病流行病学的基本概念、危害以及常见慢性病主要的影响因素。

（2）掌握常见慢性病的流行特征。

（3）掌握慢性病常采取的预防策略与措施。

2. 能力目标

（1）通过案例讨论，让学生掌握慢性病流行病学的基本概念和流行特征。

（2）通过案例讨论，让学生掌握慢性病的预防策略与措施。

3. 价值目标

（1）通过小组案例讨论，加深学生对慢性病流行病的理解。

（2）通过案例教学，让学生了解人群水平层面预防策略与措施对慢性病流行的影响，从而树立正确的价值观。

三、教学方法

本章课程适宜采用课堂多媒体教学，利用线上资源，并充分结合教师线下理论课程授课、学生小组案例讨论等形式开展。教师提出讨论问题，将课程教学的知识目标、能力目标和价值目标融入案例讨论。

第二节 课程思政案例及分析

1990—2019 年中国人群肝癌流行病学趋势的变化

（一）案例内容

肝癌是指从肝脏开始或发生于肝脏的恶性肿瘤。其症状主要包括上腹部疼痛、肿胀，出现腹水、黄疸，体重减轻以及全身无力和疲劳。肝癌常见的危险因素包括：感染慢性乙型肝炎病毒（hepatitis B virus，HBV）或丙型肝炎病毒（hepatitis C virus，HCV）、肝硬化、非酒精性脂肪肝、黄曲霉毒素接触史和过量饮酒等。

全球肿瘤流行病统计数据显示，2020 年，全球肝癌新发病例数约为 90.57 万人，占所有恶性肿瘤发病率第 6 位；而死亡病例数约为 83.02 万人，占所有恶性肿瘤死亡率第 3 位。我国是全球肝癌发病人数和死亡病例数最高的国家。2020 年，中国人群肝癌新发病例占全球的 45.27%，而死亡病例数占全球的 47.12%。

2022 年 1 月，国家癌症中心、国家肿瘤临床医学研究中心、中国医学科学院肿瘤医院陈万青教授团队在中华消化外科杂志发表了一篇题为《1990—2019 年中国人群肝癌流行病学趋势分析及预测》的研究论文。

该研究利用 1990—2019 年全球疾病负担数据库（global burden of disease，GBD）中的数据分析了中国人群肝癌粗发病率、总发病数、粗死亡率及总死亡数的情况。结果显示：①1990—2019 年中国人群肝癌粗发病率从 20.01/10 万下降至 14.80/10 万，而年龄标化发病率则从 24.31/10

万下降至 9.71/10 万（如图 12-1 所示）。②1990—2019 年中国人群肝癌粗死亡率从 19.64/10 万下降至 13.20/10 万，而年龄标化死亡率则从 23.97/10 万降至 8.44/10 万（如图 12-2 所示）。

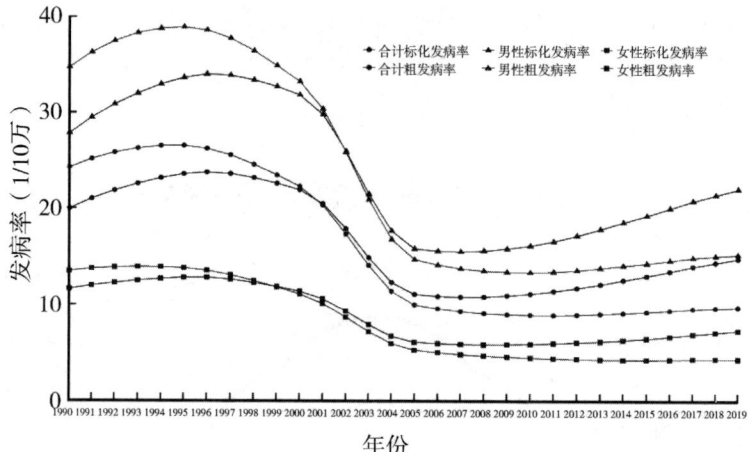

图 12-1　1990—2019 年中国人群肝癌发病年变化趋势

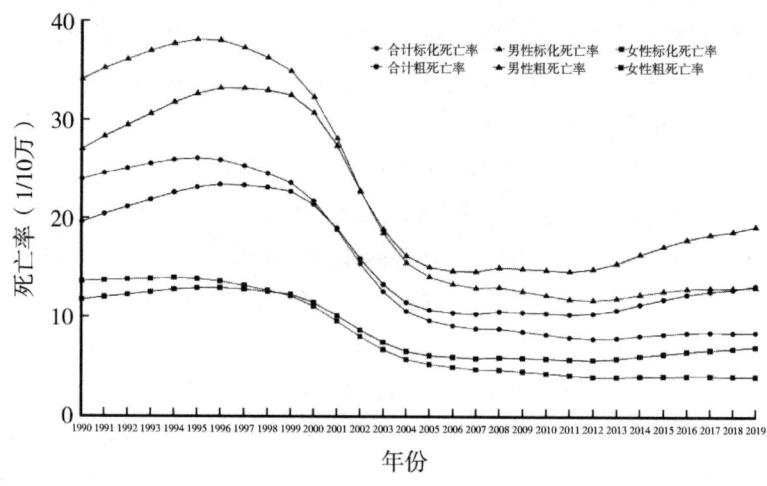

图 12-2　1990—2019 年中国人群肝癌死亡年变化趋势

中国人群肝癌发病率和死亡率的显著下降，与我国过去几十年实施的一系列预防策略和措施是密不可分的。首先，得益于乙肝疫苗接种率的提升。我国自 1992 年起开始对新生儿接种乙肝疫苗，并在 1996 年将乙肝疫苗纳入免疫规划。2002 年，全国范围内开始实施计划免疫，为新生儿免费接种乙肝疫苗。此外，在 2009—2011 年间对全国范围内 15 岁以下的儿童、青少年补种乙肝疫苗，极大地降低了我国易感人群的乙肝表面抗原携带率。其次，国家在肝癌高发地区实施了一系列一级预防措施，如管粮防霉、改良饮水和适量补硒等，极大地降低了黄曲霉毒素的暴露率。最后，自 2000 年以来，我国在肝癌高危人群中实施早期筛查，并启动了 3 项国家重大公共卫生服务专项，包括农村癌症早诊早治项目（2005 年启动）、淮河流域癌症早诊早治项目（2007 年启动）及城市癌症早诊早治项目（2012 年启动）。以上这些策略和措施的实行有效地降低了我国自 1990 年至 2019 年肝癌的发病率和死亡率。

（二）案例分析

请结合图 12 - 1 和图 12 - 2，描述 1990—2019 年中国人群肝癌发病和死亡年变化趋势。通过学习该案例，了解慢性病流行病的定义和特征，了解慢性病流行的长期趋势及影响因素。党的二十大报告强调，"人民健康是民族昌盛和国家强盛的重要标志。促进优质医疗资源扩容和区域均衡布局，坚持预防为主，加强重大慢性病健康管理，提高基层防病治病和健康管理能力"。请通过案例分析，了解我国预防慢性病的主要策略和措施。

参考文献

［1］杨帆，曹毛毛，李贺，等. 1990—2019 年中国人群肝癌流行病学趋势分析及预测［J］. 中华消化外科杂志，2022，21（1）：106 - 113.

［2］孙可欣，郑荣寿，张思维，等. 2015 年中国分地区恶性肿瘤发病和死亡分析［J］. 中国肿瘤，2019，28（1）：1 - 11.

［3］国家卫生健康委. 原发性肝癌诊疗指南（2022 年版）［EB/OL］. http://www.nhc.gov.cn/cms - search/xxgk/getManuscriptXxgk.htm?id = a01ceb75c62b486fa459e36ba0fdfdbc.

［4］International Agency for Research on Cancer. Global cancer observatory: cancer today［EB/OL］. https://gco.iarc.fr/today/.

（郭雅伟）

第十三章 伤害流行病学

第一节 课程思政教学设计

一、案例教学适用范围

本案例适用于本科生和研究生"流行病学""流行病学应用"等课程中伤害流行病学相关章节的教学。

二、课程教学目标

1. 知识目标
（1）掌握伤害的定义和分类，以及预防和控制策略。
（2）熟悉伤害发生的原因、影响和流行特征。
（3）了解伤害流行病学研究的方法和主要测量指标。

2. 能力目标
（1）通过案例讨论，让学生掌握伤害流行病学的主要内容和开展伤害流行病学研究的意义。
（2）通过案例讨论，让学生基于伤害流行病学的研究方法根据研究目标开展合理的科学研究。

3. 价值目标
（1）通过小组案例讨论的教学活动，增强学生的学习主动性、成就感和自信心，培养学生的团队协作能力。
（2）通过案例教学使理论与实际结合，让学生了解伤害流行病学研究在危机干预、制定预防策略、建立法律法规等方面的重要意义。同时，帮助学生树立正确的价值观，提升其生命意义感和社会支持领悟能力。

三、教学方法

本章课程适宜采用翻转课堂教学法，学生提前自学慕课和讨论案例，线下理论课程授课可充分结合教师讲授、学生讲课、小组案例讨论等授课形式。教师提出讨论问题，将课程教学的知识目标、能力目标和价值目标融入案例讨论。

第二节　课程思政案例及分析

一、自杀干预——"拉住那个站在悬崖边上的人"

（一）案例内容

9月10日，不仅是教师节，还是世界预防自杀日（World Suicide Prevention Day，WSPD）。自杀，已经成为全球性的公共卫生问题。世界卫生组织的数据显示，2019年全球超过70万人死于自杀，即每100例死亡中就有1例死于自杀，自杀仍然是全世界的主要死因之一。北京心理危机研究与干预中心的资料指出，我国每年平均有28.7万人死于自杀，150万人因身边的家人或好友自杀而造成了巨大的心理伤害，还有超过200万人自杀未遂。

在北京回龙观医院，有一排老旧的平房，白色的外墙已发黄，门前缺乏修剪的灌木丛显得参差不齐。很难想象，在这栋建筑里，几乎每天都在进行着关于生与死的营救。这是中国第一所心理危机研究与干预中心，设立了面向全国的心理援助热线。每次电话铃声响起，接线员说出的第一句话不是"喂"，而是"您好，心理援助热线"。在电话的另一头，汇集了人类最复杂的情绪：愤怒、委屈、绝望……这一切通过一条电话线从生死攸关的另一头传递到这排平房里，等待着安慰、疏导，甚至是一场生死救援。

一场标准的心理干预，分为三个阶段。电话接通后，首先是情绪舒缓与问题澄清阶段，接线员倾听了解来电者遇到的问题、所处的情绪状态、希望得到的帮助，建立彼此的信任。其次是抑郁情绪与自杀风险评估阶段，接线员根据来电者的表达判断其抑郁程度。最后是问题的解决与总结阶段，接线员根据来电者的诉求，试图和来电者一起在问题中寻找到答案。

热线电话是最方便、最普遍使用的心理干预方式。研究数据表明，电话干预能有效减轻自杀行为者的自杀意念，舒缓其实施自杀行为的紧迫性，提高对生的渴望。该中心一项对433名自杀高危来电者进行电话干预的研究发现，干预后74.4%的来电者脱离自杀高危状态，来电者想死程度得分和痛苦程度得分在干预后明显下降，希望程度得分上升（见表13-1）。

表13-1 自杀高危来电者干预前后想死程度、痛苦程度、希望程度变化情况

维度	干预前	干预后	差值
想死程度	82.79±19.04	44.03±37.89	-37.60±34.71
痛苦程度	88.58±16.49	62.23±29.60	-25.61±26.34
希望程度	11.76±18.77	24.23±27.64	11.88±21.98

资料来源：张若云，童永胜，赵丽婷，等. 心理援助热线自杀高危来电即刻干预效果及其影响因素［J］. 中国神经精神疾病杂志，2021，47（01）：27-33.

（二）案例分析

以北京回龙观医院的自杀干预热线为案例，了解我国自杀的流行现状、疾病负担和行之有效的干预方法。党的二十大报告指出，要"重视心理健康和精神卫生"。大学生等青年一代作为担当民族复兴重任的时代新人，应该树立正确的价值观，及时疏导不健康的心理情绪，锻炼强大的心理承受能力，减少自杀意念和自杀行为的发生，提升自身的生命意义感，时刻准备着把青春与热血奉献给人民，做祖国建设的栋梁之材。

二、呵护儿童出行,从安全"座"起

(一)案例内容

WHO 于 2018 年发布的《全球道路安全现状报告》指出,全球每年约有 18.6 万儿童死于道路交通伤害,其中 1/3 以上的伤害发生在行车事故中。道路交通事故,是全球 5~29 岁儿童和青少年的第一大死因。《中国道路交通事故统计年报》数据表明,2017 年我国约有 3 千名儿童死于道路交通事故,超过 1.3 万名儿童在事故中受伤。道路交通事故导致儿童死亡的原因中,颅脑损伤是第一大死因,所占比例为 76.09%,远大于其他类型致死原因。儿童约束系统(child restraint system)的配置使用率极低是导致此类伤亡的重要原因之一。

儿童约束系统,又称儿童安全座椅(child safety seat),是一种被动保护装置。当汽车发生碰撞时,儿童安全座椅能够预防或降低乘车儿童受伤概率。儿童安全座椅主要包括反向式安全座椅(婴儿安全座椅)、正向式安全座椅(汽车安全座椅)和增高垫。有数据显示,在车祸碰撞中,正确使用儿童安全座椅将可降低婴儿 70% 的致死性碰撞和幼儿 54%~80% 的致死性碰撞(如图 13-1 所示)。

儿童约束系统
CHILD RESTRAINTS: THE FACTS
儿童约束系统可降低:
Child restraints reduce the likelihood of a fatal crash by:

Approx. 70% among infants

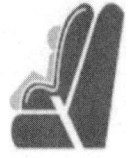
Between 54%-80% among young children

婴儿受到致死性碰撞的 70%;　幼儿受到致死性碰撞的 54%~80%。

图 13-1　正确使用儿童安全座椅可降低婴幼儿致死性碰撞率

资料来源:http://www.childpassengersafety.com.cn/blog/6d4ddf152fa。

然而，2014年的一份调查报告显示，我国儿童安全座椅的使用率非常低，仅为1%。2017年，全球儿童安全组织（Safe Kids Worldwide）在上海开展关于儿童安全座椅使用情况的问卷调查。调查结果显示，有70%受访者拥有儿童安全座椅，但仅有33%的人使用儿童安全座椅；72%的受访者表示知道座椅类型，但仅60%的人正确选择了适合其孩子使用的座椅。因此，上海市在2017年修订的《上海市道路交通管理条例》第三十四条中明确规定："驾驶机动车上道路行驶，不得有下列行为：驾驶家庭乘用车携带未满四周岁的未成年人时，未配备或者未正确使用儿童安全座椅。"该新条例出台后，绝大多数上海市民支持其中对儿童安全座椅使用的强制规定，并表示愿意选用儿童安全座椅。2021年，全球儿童安全组织再次在北京、上海、深圳三个城市开展了儿童安全座椅认知使用现状调查。结果显示，京、沪、深三城市的家长对儿童安全座椅的知晓率已经达到100%，拥有率达到79%。可见，近年来宣传使用儿童安全座椅的效果显著。其中，与2017年相比，2021年上海市为儿童配备安全座椅的家庭比例提高了18%，配备儿童安全座椅的受访者中"总是使用"的比例从33%提高到63%，儿童安全座椅选择正确率也从33%提高到50%。

目前，世界上已有近100个国家和地区出台了强制使用儿童安全座椅的法律法规。其中，瑞典、英国、德国、澳大利亚等国家的儿童安全座椅使用率已经超过90%，并且，这些国家在立法后儿童乘车事故伤害比例明显下降。我国儿童安全座椅立法进程也在稳步推进。2016年10月1日，《交通运输部、公安部关于印发机动车驾驶培训教学与考试大纲的通知》中规定，将儿童安全座椅的相关知识点纳入考试范围。2021年6月1日起实施的新《中华人民共和国未成年人保护法》的第十八条规定："采取配备儿童安全座椅、教育未成年人遵守交通规则等措施，防止未成年人受到交通事故的伤害。"2021年9月8日，国务院发布的《中国儿童发展纲要（2021—2030年）》中，明确将"推广使用儿童安全座椅、安全头盔，使儿童出行安全得到有效保障"作为主要目标，并提出一系列策略措施（如图13-2所示）。近几年，全国各省市也陆续将"强制使用儿童安全座椅"写入道路交通安全条例中，完善儿童安全座椅使用的相关立法，加大执法力度。此外，我国《道路交通安全法》修法在即。多方专家共同呼吁，将儿童安全座椅相关内容写入《道路交通安全法》中，通过法律手段精准保护儿童乘车安全。

图 13-2 青少年儿童道路交通伤害预防十大策略

资料来源：https://www.sohu.com/a/212987944_649957。

（二）案例分析

以我国儿童安全座椅使用现状及立法进程为案例，了解我国青少年儿童伤害的流行特征和青少年儿童道路交通安全现况，熟悉伤害流行病学的研究方法，分析伤害发生的原因及可能的危险因素，提出干预和预防措施，并对措施效果进行评价。党的二十大报告强调，要"坚持全面依法治国，推进法治中国建设"。儿童是道路交通事故中的弱势群体，需要家长、其他监护人乃至国家、社会的保护。我国重视儿童道路交通伤害，将"使用儿童安全座椅"纳入《中华人民共和国未成年人保护法》，多地道路交通安全条例也陆续添加相关规定，进一步推动儿童生命健康保障工作法治化。

三、儿童无伤害，我们的责任

（一）案例内容

随着社会不断发展，伤害已经成为儿童青少年群体中一个重要的公共卫生问题。2018年，中国疾病预防控制中心慢性非传染性疾病预防控制中心和全球儿童安全组织在北京发布的《中国青少年儿童伤害现状回顾报告》显示，全球每天有超过2000名儿童死于伤害，近千名儿童因伤害受伤就医，儿童因伤害致残的概率非常高。我国每年有超过5万名儿童死于意外伤害，平均每天148人。2010—2015年，伤害一直是我国0～19岁儿童青少年的第一大死因，近一半的儿童青少年死于伤害。此外，2010—2015年间，我国每年平均有13万名儿童青少年因伤害在门/急诊就诊，跌倒/坠落是就诊的首要原因；家中是伤害发生最多的场所；1～4岁年龄组就诊人数最多；7～8月是伤害的高发期。

复旦大学附属儿科医院作为国家儿童医疗中心，是国内首个开展"儿童无伤害"倡导公益行动的医院。这项公益行动自2018年开始，于每年7月的第一周举办，主要围绕儿童意外伤害预防与急救进行科普宣教。4年来，"儿童无伤害"倡导行动已经开展了300多场宣讲活动和30余场电台、电视宣传活动，发布短视频44个，创作医学科普童谣11首，撰写了3本儿童意外伤害预防的科普书籍和40余篇科普文章，并开辟了两个专栏（微信科普专栏、"为了孩子"杂志特邀撰稿专栏）。迄今为止，这项公益行动线下受益超3千人次，线上受益超1亿人次，取得了巨大的社会效应。值得一提的是，2021年11月16日，在第四个"儿童无伤害"倡导行动的开幕式上，"儿童伤害预防控制合作中心"正式在复旦大学附属儿科医院挂牌成立，这也是中国疾病预防控制中心慢性非传染性疾病预防控制中心在全国授牌的首个儿童伤害预防控制合作中心。

此外，复旦大学附属儿科医院在2019年还建立了"儿童无伤害公益联盟"。联盟在建立之初就吸引了上海交通大学医学院附属上海儿童医学中心、武汉儿童医院等6家单位和多家爱心企业的加入。至今，已有24家单位加入联盟，汇聚了来自政府、交通、教育、媒体等领域的力量。未来，该联盟还将在儿童意外伤害预防与急救工作中发挥更大的作用，为所有儿童构筑一张坚实的安全保护网。

（二）案例分析

以我国复旦大学附属儿科医院倡导发出的"儿童无伤害"公益行动为案例，了解我国儿童青少年意外伤害的流行现状和特征，了解儿童意外伤害的预防措施。同时，通过思政教育，让学生重视儿童青少年的生命安全。少年强则国强，儿童健康事业是时代进步的重中之重，希望有更多的社会力量加入"儿童无伤害"倡导行动中，为孩子们的健康保驾护航！

（三）课堂讨论

（1）结合案例一，说明伤害预防策略中的主动干预和被动干预。

根据宿主的行为方式，伤害预防策略可分为主动干预和被动干预。主动干预是指宿主在暴露于危险环境时，有意识地采取干预措施来避免伤害的发生或减少伤害的危害程度。本章案例一自杀者拨打干预热线求助的行为，即为主动干预的范例。被动干预，是指不需要宿主主动采取措施，而是通过改变外在环境、媒介来实现，是在危险来临时自动发生作用的措施。汽车安全系统中的安全气囊、制动防抱死系统（antilock brake system，ABS）等，即为被动干预的例子。被动干预通常比主动干预更具成效，因为主动干预需要宿主自身采取行动。例如，在预防儿童误食方面，使用儿童不易开启的安全瓶（被动干预）往往比教育儿童不能乱吃东西或父母将危险品放到儿童拿不到的地方（主动干预）更有效。在实际生活中，应该将两种策略结合起来才能最大化降低伤害。

（2）结合案例二、三，试述"5E"伤害预防综合策略在预防儿童意外伤害中的应用。

"5E"伤害预防综合策略是目前国际公认的伤害预防综合策略，是一种结合教育（education）、环境（environmental）、工程（engineering）、强化执法（enforcement）和评估（evaluation）的综合干预方式。

①教育预防策略（education strategy），指在一般人群中开展改变信念、态度和行为的项目。通过对儿童及其父母进行安全教育，从而提高儿童自身安全意识，改正不良行为习惯，从而避免伤害的发生。教育干预可在幼儿园、学校、家庭和社区等地方进行，可采用开设讲座、印发宣传材料的方式或通过电视、网络等媒体实施干预措施。例如，复旦大学附属儿

科医院开展的"儿童无伤害"倡导行动通过开展线上线下宣讲活动和创作短视频、科普歌曲等形式为超过1亿的儿童及家长宣传儿童意外伤害预防策略。

②环境改善策略（environmental modification strategy），指通过减少外在环境中的危险因子来降低伤害发生的可能性。例如，为防止儿童坠落，应在窗户、床边安装护栏；儿童经常活动的地方应避免出现刀具等尖锐物品；药物、有毒物品应放置在儿童接触不到的地方并安装柜锁；等等。

③工程策略（engineering strategy），指制造安全性能更好的产品。例如，电源插座配置防误触保护盖；幼儿园、学校等建筑须符合安全标准；课桌椅、游乐设施、儿童用品等在设计时应考虑不同时期儿童的生理特点；等等。

④强化执法策略（enforcement strategy），指国家和有关部门通过法律和政策的形式对可能导致伤害的行为进行规范和约束。例如，我国在2021年6月1日起实施的新《中华人民共和国未成年人保护法》中明确规定，儿童出行需配备儿童安全座椅。全国各省市也陆续将"强制使用儿童安全座椅"写入道路交通安全条例中，完善儿童安全座椅使用的相关立法，加大执法力度。

⑤评估策略（evaluation strategy），指评估哪些干预措施、策略对预防伤害最有效，为产品研究者和政策制定者们提供参考依据。既往研究数据表明，正确使用儿童安全座椅将，可降低婴儿70%的致死性碰撞和幼儿54%～80%的致死性碰撞。越来越多国家和地区出台了强制使用儿童安全座椅的法律法规。此后，儿童乘车事故伤害比例大幅下降。

参考文献

［1］网易. 中国自杀及自杀干预现状调查［EB/OL］. http://2008.163.com/07/0831/23/3N8TMDER00742437.html.

［2］黄钰钦. 自杀干预者，在电话里的生死营救［EB/OL］. https://m.gmw.cn/baijia/2021-09/11/1302569646.html.

［3］张若云，童永胜，赵丽婷，等. 心理援助热线自杀高危来电即刻干预效果及其影响因素［J］. 中国神经精神疾病杂志，2021，47（1）：27-33.

［4］公安部交通管理局. 中华人民共和国道路交通事故统计年报

(2017年度)[M].北京:人民交通出版社,2018.

[5] 中国汽车技术研究中心.中国汽车安全发展报告(2014)[M].北京:社会科学文献出版社,2014.

[6] 全球儿童安全组织.上海儿童安全座椅使用状况与新版《上海市道路交通管理条例》认知及影响力调查报告[R].上海:全球儿童安全组织,2017.

[7] 全球儿童安全组织.三城市儿童安全座椅认知使用现状与法规完善调查报告(北京、上海、深圳)[R].上海:全球儿童安全组织,2021.

[8] 王临虹,段蕾蕾,崔民彦.中国青少年儿童伤害现状回顾报告[M].北京:人民卫生电子音像出版社,2018.

[9] 复旦大学附属儿科医院.全国首个儿童伤害预防控制合作中心挂牌成立[EB/OL].http://ch.shmu.edu.cn/paper/news/content/id/255/nid/11/pid/79.

[10] 澎湃新闻.儿童无伤害,我们的职责和使命[EB/OL].https://www.thepaper.cn/newsDetail_forward_15482975.

[11] World Health Organization. Suicide worldwide in 2019: global health estimates [R]. Geneva: WHO, 2021.

[12] Labouliere C D, Stanley B, Lake A M, et al. Safety planning on crisis lines: feasibility, acceptability, and perceived helpfulness of a brief intervention to mitigate future suicide risk [J]. Suicide Life Threat Behav, 2020, 50 (1): 29-41.

[13] World Health Organization. Global status report on road safety 2018 [R]. Geneva: WHO, 2018.

[14] World Health Organization. Global status report on road safety 2013 [R]. Geneva: WHO, 2013.

(刘跃伟)

第十四章 突发公共卫生事件流行病学

第一节 课程思政教学设计

一、案例教学适用范围

本案例适用于本科生和研究生"流行病学"等课程中突发公共卫生事件流行病学相关章节的教学。

二、课程教学目标

1. 知识目标
(1) 掌握突发公共卫生事件的种类和特点。
(2) 掌握突发公共卫生事件的处置措施。
(3) 掌握突发公共卫生事件流行病学调查和个案调查流程及方法。
2. 能力目标
(1) 通过案例讨论，让学生深入了解突发公共卫生事件的处置方式，学会制定科学精准的防控措施。
(2) 通过案例讨论，让学生能够根据突发公共卫生事件的类型与等级，制定合理的暴发调查流程。
(3) 通过案例讨论，让学生牢记公卫人的责任与使命，成为构建人类卫生健康共同体的先锋。
3. 价值目标
(1) 通过小组案例讨论的教学活动，增强学生的学习主动性、成就感和自信心，培养学生的团队协作能力。

（2）通过案例教学，让学生了解流行病学在医学领域中的重要作用，培养学生的学术道德，树立学生的规范意识，激发学生的创新精神，培养学生的爱国情怀和社会责任感。

（3）牢固树立"四个自信"，弘扬社会主义核心价值观，让学生养成脚踏实地、精益求精的良好品质和严谨负责的职业道德观。

三、教学方法

本章课程适宜采用翻转课堂教学法，学生提前搜集资料和讨论案例。通过任务驱动，布置学生查阅国内外重大突发公共卫生事件相关资料，培养学生自主学习能力和合作探究精神。线下理论课程授课，可充分结合教师讲授、学生讲课、小组案例讨论等授课形式。教师提出讨论问题，将课程教学的知识目标、能力目标和价值目标融入案例讨论。

第二节 课程思政案例及分析

一、国际关注的突发公共卫生事件：新冠肺炎疫情

（一）案例内容

新型冠状病毒肺炎（Corona Virus Disease 2019，COVID-19），简称"新冠肺炎"，世界卫生组织命名为"2019 冠状病毒病"，是指 2019 新型冠状病毒感染导致的肺炎。2019 年 12 月以来，湖北省武汉市部分医院陆续发现了多例有华南海鲜市场暴露史的不明原因肺炎病例，证实为 2019 新型冠状病毒感染引起的急性呼吸道传染病。

2020 年 1 月 30 日晚，世界卫生组织宣布，将新型冠状病毒疫情列为国际关注的突发公共卫生事件（public health emergency of international concern，PHEIC）。PHEIC，是世界卫生组织传染病应急机制中的最高等级。据了解，这是全球第 6 次被认定为 PHEIC 的公共卫生事件。

新冠疫情，是新中国成立以来发生的传播速度最快、感染范围最广、

防控难度最大的一次重大突发公共卫生事件，对中国是一次危机，也是一次大考。在中国共产党的领导下，全国上下贯彻"坚定信心、同舟共济、科学防治、精准施策"总要求，打响抗击疫情的人民战争、总体战、阻击战。经过艰苦卓绝的努力，中国付出巨大代价和牺牲，有力扭转了疫情局势。

面对突发疫情侵袭，中国把人民的生命安全和身体健康放在第一位，统筹疫情防控和医疗救治，采取最全面、最严格、最彻底的防控措施，前所未有地采取大规模隔离措施、前所未有地调集全国资源开展大规模医疗救治，不遗漏一个感染者，不放弃每一位病患，实现"应收尽收、应治尽治、应检尽检、应隔尽隔"，遏制了疫情大面积蔓延，改变了病毒传播的危险进程。

（二）案例分析：对于传染病相关突发公共卫生事件的处置

疫情防控常态化以来，中国坚持"人民至上、生命至上"抗疫理念，坚持"外防输入、内防反弹"总策略和"动态清零"总方针，最大限度保护了人民的生命安全和身体健康，使中国经济发展和疫情防控保持全球领先地位。

以疫情暴发为案例，围绕"突发公共卫生事件处置"设置案例讨论题目，通过案例讨论让学生了解突发公共卫生事件流行病学的重要地位，将流行病学理论与实际应用接轨。同时，通过案例讨论突发公共卫生事件处置的内容与措施，让学生体会公共卫生人的重大责任，培养学生的使命感、荣誉感和社会责任感。

1. 遭遇突发公共卫生事件的基本处置

（1）信息收集与报告。

突发公共卫生事件发生时，应及时收集事件相关信息，实行卫生应急信息日报告制度，将收集的疫情、病情等突发公共卫生事件相关信息，以及卫生应急工作开展情况，在规定的时间内报告上级卫生行政部门和当地人民政府。同时要加强与有关部门和有关方面的信息沟通，并及时通报相关信息。信息报告范围包括可能构成或已发生的突发公共卫生事件相关信息，详细内容可参见《国家突发公共卫生事件相关信息报告管理工作规范（试行）》。

（2）现场卫生学评价。

对突发公共卫生事件可能波及的场所，包括学校、医院、工厂和生活场所，以及其他可能影响到的场所，重点评价公共、生产、经营、工作和教学场所卫生质量是否符合卫生标准和卫生要求。评价工作结束后，应综合现场流行病学调查、实验室检测、健康危害因素评估和健康检查等资料，进行分析并形成总结报告，并及时将评估报告报送给突发公共卫生事件应急处置指挥部。

（3）传染病防控。

病人隔离与疫区划分、疫源地消毒、病媒生物控制、个人防护等。

（4）其他处置。

医疗救治，食品、饮用水卫生措施，环境卫生处理，卫生知识宣传和风险沟通以及心理援助等。

2．传染病防控的步骤

（1）病人隔离与疫区划分。

① 对于传染病病人和疑似病人，必须隔离治疗；② 对于甲类传染病和按甲类处置的乙类传染病的密切接触者，必须隔离观察；③ 根据疫情可能波及的范围划定疫点、疫区，依法上报并对疫区实施封锁管制。

（2）疫源地消毒。

疫点、留验点的消毒工作按照国家卫生和计划生育委员会《消毒技术规范》进行消毒。

（3）病媒生物控制。

对不同场所媒介种群及密度进行调查，及时采取有效的杀灭措施。

① 鼠类防治：一般采用器械灭鼠，如鼠笼、鼠夹、粘鼠板等；② 蚊类的防治：环境治理是首要措施；③ 蝇类防治：喷洒与杀灭成蚊相同药剂，或用诱蝇笼来诱杀成蝇。

（4）个人防护。

① 基本防护：工作服、工作裤、工作鞋、工作帽和医用防护口罩；② 加强防护：隔离服、医用防护口罩、医用防护帽子、医用手套或橡胶手套、必要时使用防护镜或面罩、鞋套；③ 严密防护：在加强防护的基础上增加使用正压面罩或全面型呼吸防护器；④ 更换防护用品顺序：原则上是先脱污染较重和体积较大的物品，后脱呼吸道、眼部等最关键防护部位的防护用品。

二、暴发调查：一处排粪口污染水源引起的急性胃肠炎

（一）案例内容

暴发调查，指对集体单位或某一地区在较短时间内集中发生许多同类病人时所进行的调查。如食物中毒、经水传播的伤寒流行等。暴发调查的流程为：初步调查→深入调查→资料整理→资料分析→采取措施→总结报告。

2021年1月31日，某疾病控制中心接到辖区内某街道卫生服务中心电话报告，该街道某村有20余人出现呕吐、腹痛等症状，接到报告后，该中心立即组织应急小组，与卫生服务中心实施对接，再次沟通确认患者的症状、体征，初步判定此次疫情是一场胃肠炎暴发疫情。该中心立即通知医疗人员做好采样准备，调配并携带消杀物资前往现场。

到达现场后，应急小组人员向当地卫生服务中心、村医了解现场情况并迅速对同一时间出现呕吐、腹痛症状的病人进行呕吐物、肛拭子采集，对部分患者进行血液采集，送至实验室检测，对患者逐一进行流行病学史的调查，发现所有发病患者均为该村一组村民，多数发病前从家中水龙头中取水做饭，或直接饮用。应急小组人员向村支书了解到村里饮用水尚未接入市政自来水管网，生活用水均由山上溪水通过管道引入水池再通过管道供应家中，无消毒措施。该村照水源分为5组，每组各有一个自备水池，均引自村中水池与后山溪水，除此以外，第一组还设置水井一口，村总水池与后山溪水供水不足时，该组水池还可以通过水井水泵取水，供一组村民日常用水。由于近期旱情缺水，该组村民于2021年1月29—31日通过该水井连续抽水3日。

工作人员立即赶往井水取水口，发现周围有一开放式粪便直排口，排粪管已经破裂。采样人员针对井水、水池水、末梢水分别进行水样采集、井口附近粪便直排口涂抹标本采集，加急送至实验室分析。工作人员同时要求村支书通知村民停止使用井内水源，与街道办沟通后同意暂时调用桶装水发放到村民手中，以满足短时间内村民的日常生活需求。

经实验室检测，在该村水井中、水井附近一处粪便直排口、村民家中

末梢水中及病例粪便标本中均检出 G Ⅱ 型诺如病毒（见表 14-1）。

表 14-1　村民家中末梢水及病例粪便标本诺如病毒检测结果

序号	样品名	样本数/份	诺如病毒核酸阳性数/份	分型
1	肛拭子	8	6	GⅡ
2	粪便直排口涂抹物	4	4	GⅡ
3	井水	1	1	GⅡ
4	末梢水	1	1	GⅡ

出现症状且较为严重的患者被送至医院治疗。应急小组人员通过该村村干部提供的病例名单、全村入户走访以及搜集该街道卫生服务中心等附近医院诊疗信息等方式搜索其他未被发现的病例，并将 2021 年 1 月 28 日以来，该村中出现腹泻（≥3 次/24 h）或呕吐（≥1 次/24 h）的村民暂被判定为疑似病例，进行肛拭子采集。

最终共有病例 62 例，包括确诊病例 6 例，疑似病例 56 例，主要临床症状为呕吐、腹痛、腹泻、恶心，部分伴有乏力、头晕、头痛和发热等症状。

应急小组针对疫情立即做出处置：

（1）密切关注现有病例的病情变化，建议胃肠道症状无明显好转或老弱幼小患者及时就医；

（2）时刻关注后续几日是否有新的感染病例出现，要求村支书针对新发病例及时上报，及时处理；

（3）指导患病家庭妥善处理呕吐物及排泄物，及时做好餐具及物体表面的消毒工作，避免引起二次暴发；

（4）对被污染水井进行消毒，并做封闭处置；通知水利部门对水池及各输水管道进行清洁消毒等专业处置；

（5）告知该村第一组村民，暂停使用末梢水，等待水利部门对水池跟管道消毒完毕，对水质重新检测合格之后方可使用。

在介入调查并采取相应措施后，疫情随即得到了控制，2 月 1 日 16 时报告最后 1 例感染病例后再无新增病例，应急小组撰写调查报告（如图 14-1 所示）。

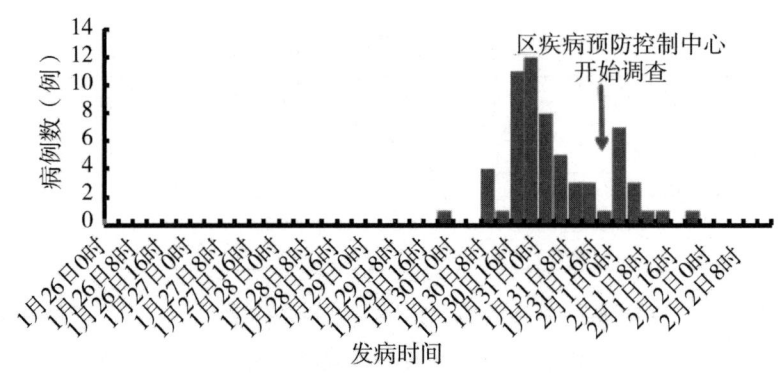

图 14-1 本起急性肠胃炎的发病情况

（二）案例分析

以饮用水污染引起的疫情暴发为案例，围绕"暴发调查的内容"设置案例讨论题目。通过案例讨论，让学生了解突发公共卫生事件流行病学在的重要地位，将流行病学理论与实际应用接轨。同时，通过案例讨论暴发调查的内容与措施，让学生体会基层公卫岗位的重大责任，培养学生的使命感、荣誉感和社会责任感。

（1）请给此次疫情做出诊断，并说出你诊断的依据是什么？

此次疫情是由带有诺如病毒的粪水污染生活水源导致的急性胃肠炎暴发。

诊断依据：流行病学史（接触被污染的水源）＋临床症状/体征（呕吐腹泻）＋实验室诊断（诺如病毒）。

（2）此次疫情暴发的特点有哪些？

暴发的特点：①时间较短；②单位集中或地区分布集中；③病人相对较多；④症状相似；⑤病人的菌型一致（病原学检查发现）。

（3）暴发调查的目的是什么？

目的：①查明疾病暴发的原因；②及时采取有效措施迅速扑灭疫情；③总结经验教训，防止类似事件再次发生。

（4）突发公共卫生事件现场处理的原则有哪些？

原则：①属地管理、分级负责、统一指挥；②坚持救治和控制优先；

③流行病学调查和实验室检测相结合；④边抢救、边调查、边核实、边处理。

（5）你能根据案例内容总结出暴发调查的流程吗？

①调查前的准备：人员组织、现场调查用品准备、标本采集检测、调查前沟通、交通和通信设备、消杀器具及药品。

②疫情核实：第一，核实病例诊断：内容包括对报告病例的临床症状、病原学检测的核实。第二，疫情信息核实：对流行病学史等的真实性进行核实，以排除各种原因造成的误报、错报。

③确定病例定义：特定的时间、地区、人群和临床症状，生物型别。

④病例搜索：根据病例定义在疫情可能波及的时间、地区和人群范围内，积极开展病例搜索。

⑤个案调查：个人信息、临床信息、流行病学史、病后活动。

⑥密切接触者调查判断：对发病潜伏期前后与病人或带菌者具有共同的接触暴露史、共同居住生活史等密切接触者进行调查判断。措施：相关的传染病检测方法检测。

⑦描述性分析：背景信息、疫情发现经过、病例临床表现、流行病学特征、发病危险因素推断（分析）、（初步）调查结果、已采取措施及下一步工作建议。

⑧病因假设与验证：基于调查的信息进行病因假设的推断。

⑨危险因素调查、水污染调查、食品因素调查、环境因素调查。

⑩措施制定：尽快判定疫情程度，提出早期控制措施描述事件调查的起因、调查方式方法、调查结果、病因推断。

⑪调查总结：调查结论及依据、控制措施与效果评价。

（6）如果你是此次事件的现场工作人员，除了案例中采取的措施，你还能做些什么？（言之有理即可）

① 联合当地社区及卫生服务中心开展面对面宣传活动，消除村民不必要的恐慌，提倡健康生活方式，鼓励村民养成良好的饮水卫生习惯，不喝生水。

② 宣传正确的卫生常识，培养村民良好的卫生习惯，引导村民接受并使用市政自来水，助推市政自来水管网早日入村入户，确保村民日常用水安全卫生。

参考文献

[1] 詹思延. 流行病学 [M]. 8版. 北京：人民卫生出版社，2017：247-262.

[2] 新华社. 抗击新冠肺炎疫情的中国行动 [EB/OL]. http://www.gov.cn/zhengce/2020-06/07/content_5517737.htm.

[3] 章忠辉，杨汝奔，叶晓新. 一起农村生活源水污染引起的诺如病毒感染性胃肠炎暴发调查与实验室检测 [J]. 中国卫生检验杂志，2022，32（9）：1146-1148，1151.

[4] World Health Organization. COVID-19 Public Health Emergency of Interna-tional Concern (PHEIC) Global research and innovation forum [R]. Genev-a：WHO，2020.

（陆家海）

第十五章　精神卫生流行病学

第一节　课程思政教学设计

一、案例教学适用范围

本案例适用于本科生和研究生"流行病学"等课程中精神卫生流行病学相关章节的教学。

二、课程教学目标

1. 知识目标

（1）掌握精神卫生流行病学的基本概念、主要研究内容、主要结局指标、精神障碍的主要危险因素和精神卫生测量工具的选择。

（2）了解精神卫生流行病学的发展史、主要研究方法、测量工具的评价和精神障碍的防制策略。

2. 能力目标

（1）通过案例教学，让学生掌握精神卫生流行病学调查的研究方法、研究内容、测量工具和主要结局指标等，了解我国精神障碍流行现状。

（2）通过案例教学，让学生了解我国精神卫生事业的发展史及现行政策。

3. 价值目标

（1）通过对中国精神卫生调查进行案例教学，提高学生对我国精神卫生工作的关注，同时培养其家国情怀和社会责任感，使之认识到科学研究应立足国情，鼓励其做有中国特色的科学研究。

（2）通过介绍我国精神卫生事业的发展历程和成就，培养学生的民族自豪感，将"四个自信"和"四个认同"融入课程教学，促进学生树立社会主义核心价值观，发挥课程教学的育人作用。

三、教学方法

学生提前自学案例。授课时，教师讲解案例，引导学生思考与讨论相关内容，并将价值目标融入教学当中。

第二节　课程思政案例及分析

一、中国精神卫生调查：我国首次全国范围内的成人精神障碍流行病学调查

（一）案例内容

精神障碍是在生物学、心理学以及社会环境等各种因素的影响下，人的大脑功能失调，导致认知、情感、意志和行为等精神活动出现不同程度障碍的疾病。该病不仅严重影响精神障碍患者及其亲属的生活质量，还给社会带来沉重的疾病负担。

改革开放以来，中国经历了前所未有的经济发展和社会变革，国民的生活方式发生了巨大变化。在此背景下，人民身心健康的影响因素有增无减，精神疾病逐渐成为全国疾病负担的突出问题，人民对精神卫生服务的需求不断增长。20世纪80年代，原卫生部组织了两次全国大样本的精神障碍流行病学调查。21世纪初，北京市、上海市、昆明市、广州市、天津市、浙江省等地区也陆续开展了区域性精神障碍流行病学调查。2001年，由世界卫生组织启动的世界精神卫生调查在北京市和上海市进行，两地有关部门组织开展了精神障碍流行病学调查。然而，由于上述调查的诊断标准、测量工具、调查方法、研究人群等不一致，且样本量、调查地区有限，调查结果的代表性和可比性受到限制。自新中国成立以来至2010

年，我国尚未有全国性的精神障碍流行病学数据，也无精神障碍患者接受治疗的基本信息，因此，一次具有代表性的全国性调查迫在眉睫。

为此，"十二五"期间，在国家卫生和计划生育委员会（简称"国家卫生计生委"）和科技部的支持下，北京大学第六医院黄悦勤团队在十余年的流行病学研究积累的基础上，联合全国精神卫生专业人员，于2012年成功立项"中国精神障碍疾病负担及卫生服务利用的研究"（简称"中国精神卫生调查"，China Mental Health Survey，CMHS），并进行全国精神障碍患病率及卫生服务利用调查。历时三年（2012—2014年），黄悦勤团队完成了首次全国成人精神障碍流行病学调查。

CMHS 的调查对象为中国 31 个省、市、自治区（不含港澳台）18 岁以上社区居民。在 157 个县/区、1256 个村/居委会中抽取受访者 32552 人。调查的内容为三部分：一是社会人口学信息，包括性别、年龄、教育程度、婚姻状况、居住地及经济水平；二是精神障碍的现患病率及分布特征，以《美国精神病学协会诊断和统计手册》第 4 版（DSM-IV）为诊断标准，共调查了 7 类一级分类，36 类二级分类精神障碍；三是精神障碍的医疗服务利用现状。该调查采用了国际公认的诊断标准和与国际一流水平接轨的调查工具、质量控制和资料分析方法，具有跨国和跨文化可比性，解决了以往国内流行病学调查研究的局限性。

2019 年，黄悦勤教授团队在 Lancet Psychiatry 上发表了论文"Prevalence of Mental Disorders in China: A Cross-Sectional Epidemiological Study"。文章系统地描述我国社区成人心境障碍、焦虑障碍、酒精药物使用障碍、精神分裂症及其他精神病性障碍、老年痴呆主要精神障碍的患病率及其分布特点。

CMHS 结果显示，我国应该重点关注的精神障碍包括心境障碍、焦虑障碍、酒精药物使用障碍、精神分裂症及其他精神病性障碍、老年痴呆五大类。五类主要精神障碍 12 个月患病率中最高的为焦虑障碍（4.98%），其余依次为心境障碍（4.04%）、酒精药物使用障碍（1.94%）、精神分裂症及其他精神病性障碍（0.61%），65 岁老年痴呆终生患病率为 5.56%（见表 15-1）。

表15-1 中国未加权和加权终生及12个月精神障碍患病率（N=32,552）

	Lifetime prevalence			12-month prevalence		
	Frequency, n	Unweighted % (95% CI)	Weighted % (95% CI)	Frequency, n	Unweighted % (95% CI)	Weighted % (95% CI)
Mood disorders						
Any mood disorder	2096	7.4 (7.1–7.8)	7.4 (6.3–8.4)	1136	4.0 (3.8–4.3)	4.1 (3.4–4.7)
Anxiety disorders						
Any anxiety disorder	1675	6.1 (5.7–6.5)	7.6 (6.3–8.8)	1164	4.1 (3.8–4.4)	5.0 (4.2–5.8)
Substance use disorders						
Any substance use disorder	1104	3.9 (3.7–4.2)	4.7 (4.1–5.3)	387	1.4 (1.2–1.5)	1.9 (1.6–2.3)
Impulse-control disorders						
Any impulse-control disorder	391	1.4 (1.3–1.5)	1.5 (1.3–1.9)	290	1.0 (0.9–1.1)	1.2 (0.9–1.5)
Eating disorders						
Any eating disorder	13	<0.1 (0.002–0.01)	0.1 (0.0–0.1)	5	<0.1 (0.002–0.03)	<0.1 (0.001–0.06)

续表 15-1

	Lifetime prevalence			12-month prevalence		
	Frequency, n	Unweighted % (95% CI)	Weighted % (95% CI)	Frequency, n	Unweighted % (95% CI)	Weighted % (95% CI)
Schizophrenia and other psychotic disorders						
Schizophrenia or any other psychotic disorder	40	0.9 (0.4–1.5)	0.7 (0.3–1.2)	27	0.7 (0.2–1.3)	0.6 (0.2–1.1)
Dementia						
Dementia	157	5.9 (4.4–7.3)	5.6 (3.5–7.6)	—	—	—
Any disorders						
Any disorders (excluding dementia)	4047	15.7 (13.4–18.1)	16.6 (13.0–20.2)	2401	9.7 (7.8–11.6)	9.3 (5.4–13.3)

资料来源：黄悦勤团队 2019 年在 Lancet Psychiatry 上发表的题为 "Prevalence of mental disorders in China: a cross-sectional epidemiological study" 的文章。

调查结果说明，心境障碍和焦虑障碍是我国患病率较高的两类常见精神障碍。通过与20世纪80年代以来部分地区的调查结果比较发现，我国心境障碍、焦虑障碍患病率总体呈上升趋势。首先，在我国社会经济高速发展的背景下，公众心理压力普遍增加，导致患病风险增加。其次，居民健康意识和就医意愿提高、专业人员识别能力提升等因素也会引起患病率上升。最后，精神分裂症患病率变化不大，符合其以遗传学病因为主的疾病规律；18～34岁年龄组患病率最高，符合其多发病于青壮年的特点。老年痴呆患病率总体呈上升趋势，与我国人口老龄化的社会趋势有关。

同时，研究显示，女性和非在婚状态人群是心境障碍的高危人群；文盲/小学以下教育人群是焦虑障碍的高危人群；男性和18～34岁人群是酒精药物使用障碍的高危人群；高龄、文盲/小学以下受教育程度和经济水平差的人群是老年痴呆的高危人群；经济水平是精神分裂症及其他精神障碍的影响因素。

通过CMHS，学界得到了最新的全国性精神卫生流行病学数据，项目组制定了《精神障碍社区调查指南及技术标准（2015年版）》，并研发了《中国居民健康与疾病负担调查核查系统》V1.0，该系统获得了国家版权局计算机软件著作权登记证书。CMHS的研究成果对于制定符合国情的精神卫生政策具有重要的参考价值。

（二）案例分析：CMHS——立足国情，做有中国特色的精神卫生研究

以CMHS研究为案例，围绕"精神卫生流行病学的研究方法、研究内容和主要结局指标"设置案例讨论题目。通过案例讨论，让学生掌握精神卫生流行病学设计的基本技能和进行统计分析的能力。同时，通过案例讨论中对CMHS的介绍，让学生认识到，到祖国的实践大地中去发现问题、解决问题，是每个中国学者应尽的义务，也是具有中国特色社会主义特色的科学研究的价值所在。

本案例教学，意在培养学生胸怀祖国、服务人民的爱国精神，追求真理、严谨治学的求实精神，鼓励学生肩负起历史责任，坚持"四个面向"，把个人的科学追求融入保卫人民生命健康、全面建设社会主义现代化国家、全面推进中华民族伟大复兴的宏伟事业中去。

（三）课堂讨论

（1）CMHS 与以往其他国内的精神卫生流行病学调查相比具有哪些优势？

CMHS，是我国第一次全国范围内的成人精神障碍流行病学调查。与以往其他国内的精神卫生流行病学调查相比，CMHS 覆盖面更广，设计更科学，方法更严谨，质量控制更严格，样本对全国更具有代表性，其研究成果能够真实反映我国的精神卫生和心理健康状况，对于制定我国精神卫生政策具有重要的参考价值。

此外，CMHS 采用了国际公认的诊断标准和与国际一流水平接轨的调查工具、质量控制和资料分析方法，具有跨国和跨文化可比性，在国际上受到世界卫生组织和专业学术机构的高度关注。该研究有助于国内外学界了解中国的心理健康情况，并为其他中等收入和低收入国家的研究提供有价值的参考信息，提升了我国精神障碍流行病学研究在国际上的学术地位。

（2）结合 CMHS 说说精神卫生流行病学的主要研究内容有哪些？

精神卫生流行病学的主要研究内容包括：精神障碍的患病率及流行特征研究、精神障碍的结局及疾病负担研究、精神障碍的病因学研究和精神障碍的防制策略研究。CMHS 的主要研究内容为精神障碍的现患病率及分布特征以及精神障碍的医疗服务利用现状，本案例中提及的文章系统地描述了我国社区成人心境障碍、焦虑障碍、酒精药物使用障碍、精神分裂症及其他精神病性障碍、老年痴呆等主要精神障碍的患病率及其分布特点。

（3）结合 CMHS 说说精神卫生流行病学常用的患病率指标有哪些？

精神卫生流行病学常用的患病率指标包括：

终生患病率，指调查对象中，一生中患有研究疾病者所占的比例，调查症状出现的时间范围为"有生以来"。

12 个月患病率，指调查对象中，在过去 12 个月内患有研究疾病者所占的比例，调查症状出现的时间范围为"过去 12 个月"或"过去 1 年"。

30 天患病率，指调查对象中，在过去 30 天内患有研究疾病者所占的比例，调查症状出现的时间范围为"过去 30 天内"或"过去 1 个月"。

在本案例中，CMHS 计算了各类精神障碍的终生患病率和 12 个月患病率。在五类主要精神障碍中，焦虑障碍的 12 个月患病率最高

(4.98%),其余依次为心境障碍(4.04%)、酒精药物使用障碍(1.94%)、精神分裂症及其他精神病性障碍(0.61%),65岁老年痴呆终生患病率为5.56%。

二、精神卫生事业发展史:党和国家高度重视心理健康和精神卫生工作

(一)案例内容

1. 精神障碍的流行与精神卫生防治的困境

随着我国社会经济的快速发展,人们的生活节奏明显加快,常见的精神障碍及心理行为问题日益凸显,个人极端情绪引发的恶性事件时有发生。国民精神健康越来越成为影响经济社会发展的公共卫生问题和社会问题。然而,由于我国精神卫生事业起步较晚,精神卫生服务供需矛盾突出,我国的精神卫生防治面临着重要挑战。

2011年4月,真实版"飞越疯人院"在武汉上演。一名被精神科监护治疗四年多的武汉武钢职工徐某,模仿电影《飞越疯人院》中的情节,逃离精神病院,然后远赴千里之外的广州精神病院做检查,试图证明自己没有精神病。随即,徐某被跨省追回,再次送进精神病院。

"徐某事件"的发生,反映出我国精神卫生防治工作尚存在法律空白,患者和精神卫生机构的合法权益均得不到应有的保障。此外,还存在着精神卫生服务机制与体系不健全、精神卫生人力资源严重短缺、精神卫生机构分布严重不均且基础建设条件差等问题。同时,由于社会偏见和歧视,患者和家属病耻感强烈,导致患者精神疾病未治率较高。因此,精神卫生问题已经成为我国一个突出的社会问题,迫切需要明确的制度安排和政策措施,以推进精神卫生工作科学化、制度化、规范化。

2. 党和政府高度重视精神卫生工作

为突破精神卫生工作面临的困境,我国政府陆续出台了系列政策文件和具体工作措施,不断健全我国精神卫生服务体系,提高服务的公平性和可及性。

中国心理卫生杂志 2020年 第34卷 第7期 555

·精神卫生政策·

中国2009-2019年的精神卫生政策与实施

陈润滋 吴霞民 马宁

（北京大学第六医院，北京大学精神卫生研究所，国家卫生健康委员会精神卫生学重点实验室（北京大学），国家精神心理疾病临床医学研究中心（北京大学第六医院），北京100083 通信作者：马宁 maning@bjmu.edu.cn）

【摘　要】 精神健康是健康的重要组成部分，我国严重精神障碍患者数量庞大，常见精神障碍和心理行为问题逐渐突显。近年来，我国高度重视精神卫生工作，不断出台系列政策措施，如将社区精神卫生服务推广至全国，完善精神卫生服务体系，建立精神卫生综合管理机制，从重视疾病预防向促进全民心理健康发展等，以提高服务的公平性和可及性。本文对2009-2019年我国重要精神卫生政策与实施进行梳理与分析，旨在帮助精神卫生人员熟悉现行精神卫生政策的发展脉络，了解工作中的薄弱环节，明确下一步工作重点。

【关键词】 精神卫生服务；政策；实施

图15-1　马宁团队2020年在《中国心理卫生杂志》上发表中国2009—2019年的精神卫生政策与实施的研究结果

（1）《精神卫生法》与《全国精神卫生工作规划（2015—2020年）》。

2012年10月26日，我国精神卫生领域的第一部法律《中华人民共和国精神卫生法》出台，对发展精神卫生事业、规范精神卫生服务、维护精神障碍患者合法权益有着重要意义，是我国精神卫生领域具有里程碑意义的大事。

2015年是我国精神卫生工作蓬勃发展非常关键的一年，国务院办公厅转发了国家卫生计生委、中央社会治安综合治理委员会办公室（简称“中央综治办”）等10部门联合印发的《全国精神卫生工作规划（2015—2020年）》（以下简称《工作规划》）。该文件明确提出，要形成普遍的政府组织领导、各部门齐抓共管、社会组织广泛参与、家庭和单位尽力尽责的精神卫生综合管理服务机制；在此组织管理机制的基础上，进一步加强精神卫生服务队伍建设、加强严重精神障碍患者管理服务。《工作规划》对2015—2020年的精神卫生工作进行了整体规划，以规划为引领，围绕着贯彻落实《精神卫生法》这条主线，将精神卫生工作推向了一个新高度。

（2）《“健康中国2030”规划纲要》与《健康中国行动（2019—2030

年)》。

2016年，习近平总书记在全国卫生健康工作大会上对心理健康工作提出了具体要求，将心理健康工作正式提上政府议程。随后，中共中央、国务院印发《"健康中国2030"规划纲要》，将促进心理健康作为单独一节，提出要加强心理健康服务体系建设和规范化管理，并在加强健康人才培养中明确提出加强精神科、心理健康、心理咨询人员培养培训力度。同年，国家卫生计生委、中央综治办、国家发展改革委员会等22部门联合印发《关于加强心理健康服务的指导意见》。该文件作为我国第一个加强心理健康服务的宏观指导性文件，在建立健全服务体系、发展各类心理健康服务、加强重点人群心理健康服务和人才队伍建设等方面提出了具体指导意见。

2017年，党的十九大报告要求，要加强社会心理服务体系建设，培育自尊自信、理性平和、积极向上的社会心态。此后，党和国家高度重视心理健康和精神卫生工作。2019年，健康中国行动推进委员会制定了《健康中国行动（2019—2030年）》，围绕疾病预防和健康促进两大核心，提出开展15个重大专项行动，而心理健康促进行动就是该专项行动之一。该行动对于如何正确认识、识别、应对常见的精神障碍和心理行为问题提出了建议，并提出了社会和政府应采取的主要举措。

（3）国家心理健康和精神卫生防治中心正式成立。

2021年，国家卫生健康委员会正式设立国家心理健康和精神卫生防治中心（以下简称"中心"）。中心是国家卫健委直属事业单位，是国家级心理健康和精神卫生防治专业机构。中心的职责包括开展心理健康和精神卫生防治理论、政策、标准、规划的研究，进行心理健康和精神卫生相关流行病学调查、监测和评估评价，推动心理健康和精神卫生专业人才培养等。中心的正式成立，体现了国家对心理健康和精神卫生工作的高度重视。

（二）案例分析：了解中国精神卫生事业的发展历程，坚定"四个自信"

党的二十大报告提出，推进健康中国建设，把保障人民健康放在优先发展的战略位置，重视心理健康和精神卫生。近年来，国家为进一步加强精神卫生工作，从制定相关法律法规和工作规划，到把心理健康提升到战略性重要地位，再到设立国家级的心理健康和精神卫生防治专业机构，这些举措都充分体现了国家对心理健康和精神卫生防治工作的高度重视，展现了中国特色社会主义制度的优越性和中国特色社会主义国家的治理能力。我国精神卫生事业的发展史，体现了中国共产党坚持以人民为中心的执政理念，坚持"为人民谋幸福，为民族谋复兴"的初心和使命。新时代的公共卫生人，应当始终坚定"四个自信"，增强民族自豪感，以学促知、以知促行，守护好人民群众的生命安全和身体健康，以实际行动推进新时代中国特色社会主义伟大事业。

参考文献

［1］詹思延. 流行病学［M］. 8版. 北京：人民卫生出版社，2017.

［2］习近平. 高举中国特色社会主义伟大旗帜　为全面建设社会主义现代化国家而团结奋斗：在中国共产党第二十次全国代表大会上的报告［R］. 中华人民共和国国务院公报，2022（30）：4–27.

［3］黄悦勤. 中国精神卫生调查概况［J］. 心理与健康，2018（10）：14–16.

［4］陈润滋，吴霞民，马宁. 中国2009—2019年的精神卫生政策与实施［J］. 中国心理卫生杂志，2020，34（7）：555–560.

［5］谢文英. 精神卫生法：酝酿26年仍未出台［N］. 检察日报，2011–05–16.

［6］范正伟. "精神病收治"不得偏离法治轨道［N］. 人民日报，2011–05–05.

［7］Huang Y, Wang Y, Wang H, et al. Prevalence of mental disorders in China：a cross–sectional epidemiological study［J］. Lancet Psychiatry，2019，6（3）：211–224.

（卢次勇）

第十六章 分子流行病学

第一节 课程思政教学设计

一、案例教学适用范围

本案例适用于本科生和研究生"流行病学"等课程中分子流行病学相关章节的教学。

二、课程教学目标

1. 知识目标

（1）掌握分子流行病学相关的重要概念，分子流行病学与传统流行病学的联系与区别，生物标志物的分类、特性和选择的原则。

（2）熟悉分子流行病学研究和设计的过程，以及资料处理和分析的方法。

（3）了解分子流行病学的发展历程、应用和展望。

2. 能力目标

（1）通过重点和难点讲解，让学生能够理解分子流行病学相关的重要概念、研究内容及设计要点。

（2）通过课堂讲授和案例教学，让学生能够根据研究目的和假设，进行合理的分子流行病学研究设计。

3. 价值目标

（1）通过案例讨论的教学活动，增强学生的学习主动性、成就感和自信心，培养学生的团队协作能力。

（2）通过课堂讲授结合案例教学，培养学生的流行病学群体思维的观点，掌握流行病学的基本原理和方法，为今后的疾病预防工作奠定基础，并初步培养学生的科研能力以解决工作中所遇到人群健康问题，同时树立学生的学术道德和规范意识，激发学生的创新精神，培养学生的爱国情怀和社会责任感。

三、教学方法

本章课程适宜采用课堂讲授结合案例讨论教学，选用权威教材或根据教学特点自编的材料。通过课堂教师讲授和小组案例讨论等教学方式，达到相关教学目的和任务。案例讨论的实习教学中，教师提出问题，将课程教学的知识目标、能力目标和价值目标融入案例讨论，通过理论联系实际，提高学生学习的积极性和主动性。

第二节　课程思政案例及分析

人类基因组计划：学术乃天下公器

（一）案例内容

1986年，诺贝尔生理学或医学奖获得者雷纳托·杜尔贝科（Renato Dulbecco）在《科学》（*science*）杂志上发表了题为《肿瘤研究的转折点——人类基因组测序》（"A Turning Point in Cancer Research：Sequencing the Human Genome"）的文章，回顾了20世纪70年代以来肿瘤研究的进展。他在文章中提出："要么依旧根据各自感兴趣的基因，采用零敲碎打的研究策略；要么从整体上研究和分析人类基因组，测定基因组中碱基对的排列顺序。而人类肿瘤研究将因为对基因组序列的详细了解得到巨大推动。"该文章在全世界引起极大反响，部分研究者支持这一大胆和富有吸引力的计划，也有研究者担忧技术水平的可行性，及实施该计划所要消耗的大量人力和财力对整体科学研究水平的影响。该争议持续了近5年。

1990年10月1日，人类基因组计划（Human Genome Project，HGP）正式启动。2000年6月26日，经过各国科学家的共同努力，参加该项目的美国、英国、法国、日本、中国、德国六国科学家共同宣布，完成人类基因组草图绘制工作。至2003年4月15日，该研究项目全部完成，共历时13年，耗费约30亿美元。

　　1994年，中国在吴旻、强伯勤、陈竺、杨焕明四位科学家的倡导下，积极参与和启动HGP项目。在国家科技部的支持下，1998年于上海和北京分别成立了国家人类基因组南方研究中心和国家人类基因组北方研究中心，完成了HGP计划1%（约3000万个碱基对）的人类基因组测序任务（3号染色体短臂末端）。中国是参与这项媲美阿波罗登月计划的研究项目的唯一发展中国家。

　　人类基因组图谱属于全人类，研究成果应为全人类共同分享和造福全人类，这是参与HGP各国科学家的共识。然而，由于其潜在的巨大商业价值，一些企业也积极投入其中，并争相为其成果申请专利。例如，1998年，美国PE Biosystems公司以其300台最新研制的自动测序仪和3亿美元资金，成立了Celera Genomics公司，宣称在3年内完成人类基因组测序，并声称将对数百个重要基因申请专利，并将所有序列信息保密3个月。1999年，该公司对6500个完整或部分的人类基因申请初步专利保护。之后，该公司在六国共同宣布基因组草图绘制完成当天，宣称组装出完整的人类遗传密码。这是对HGP项目公益性的竞争与挑战，该公司的行为将可能严重阻碍相关科学研究的进展。2000年，美国宣布所有人类基因组数据不允许专利保护，且必须对所有研究者公开，该公司最终被迫公开数据。

　　整个人类基因组测序工作的基本完成，开辟了人类科学研究的新纪元。它对生命本质、人类进化、生物遗传、个体差异、发病机制、疾病防治、新药开发、健康长寿等领域均有着深远影响和重大意义，促进了相关研究领域的飞速发展。例如在人类疾病研究领域，发现了亨廷顿氏舞蹈症、遗传性结肠癌、乳腺癌、高频神经性耳聋等许多单基因遗传病的致病基因，为疾病的诊断和治疗奠定了重要基础。其中，人类高频神经性耳聋致病基因（GJB3）是由中国研究团队首次发现报道。对于肿瘤、心血管疾病、糖尿病、肥胖等具有复杂机制的多基因疾病，新发现了许多相关易感基因或易感遗传位点，这些发现促进了对许多重要疾病机理的理解，推动了整个医学思想从重治疗转向重预防。

（二）案例分析

科学研究是人类认识和改造世界的武器，其担负着揭示真理、推动人类发展的任务。科学研究的成果属于并惠及全人类，是世界可持续发展的重要助推器。科学研究之所以为公器，是因为其追求的是真理，而真理超越个人利益。研究者需要秉持以公众立场开展研究，为科学而治学，才能从事真正意义上的科学研究，并最终实现真理的价值。通过本章内容的讲解，可培养学生追求真理、创新合作的精神及社会责任感。

（三）课堂讨论

（1）什么是人类基因组流行病学？

人类基因组流行病学属于分子流行病学范畴，是应用流行病学与基因组信息相结合的研究方法，开展以人群为基础的研究，评价基因组信息（基因或基因变异及其相应编码的产物）对人群健康和疾病的流行病学意义。

（2）易感基因或易感遗传位点属于哪一类生物标志？

易感基因或易感遗传位点属于易感性标志，即在暴露因素作用下，宿主对疾病发生、发展易感程度的生物标志，易感性标志可以潜在地修饰从暴露到疾病发生及预后的每一步骤。

（3）人类基因组信息如何促进疾病预防工作？

在一级预防中，我们能够更好地了解疾病发生过程中遗传因素的影响和基因环境相互作用，制定更好的干预措施，如减少或避免已知危险因素的干预措施，以及确定干预措施所适用的人群。在二级预防中，我们可以根据基因型的信息，开发新的或优化现有的筛检试验，用于早期疾病的筛查。在三级预防中，人类基因组的信息可以促进开发更好的药物，并促进药物提高治疗效益和降低副作用。

参考文献

[1] 詹思延. 流行病学 [M]. 8版. 北京：人民卫生出版社，2017.

[2] 张卫东. 流行病学实习教程 [M]. 北京：人民卫生出版社，2017.

[3] Boffetta P. Molecular epidemiology [J]. J Intern Med, 2000, 248 (6): 447-454.

[4] Dulbecco R. A turning point in cancer research: sequencing the human genome [J]. Science, 1986, 231 (4742): 1055-1056.

[5] Finishing the euchromatic sequence of the human genome [J]. Nature, 2004, 431 (7011): 931-945.

[6] Xia J H, Liu C Y, Tang B S, et al. Mutations in the gene encoding gap junction protein beta-3 associated with autosomal dominant hearing impairment [J]. Nat Genet, 1998, 20 (4): 370-373.

[7] Beaty T H. Human genome epidemiology: a Scientific foundation for using genetic information to improve health and prevent disease [J]. American Journal of Epidemiology, 2005, 161 (3): 298-299.

(肖苏妹)

第十七章　药物流行病学

第一节　课程思政教学设计

一、案例教学适用范围

本案例适用于本科生和研究生"流行病学""流行病学应用"等课程中药物流行病学相关章节的教学。

二、课程教学目标

1. **知识目标**
（1）掌握药物流行病学的研究方法和设计原则。
（2）熟悉药物流行病学的定义和研究内容。
（3）了解药物流行病学的应用现状。
2. **能力目标**
（1）通过课堂教学，引导学生了解药物流行病学的主要研究内容和开展药物流行病学研究的意义。
（2）紧紧围绕人民安全、用药安全等问题，引导学生将理论方法和医学问题有机联系，激发学生结合实践思考问题的能力。
3. **价值目标**
（1）通过小组教学的模式，提升学生的自学能力、自我表达能力和团队协作能力。
（2）通过案例探讨，加强学生对书本知识与医学实例的联系，使学生了解药物流行病学研究在制定药物风险管理策略、提高医疗保健质量方面的重要意义，培养学生的辩证思维能力，帮助学生树立严谨的科学态度，进一步增强学生的社会责任感。

（3）通过创新课堂教学模式和优化课堂教学内容，坚持推进医学教育事业高质量发展。落实立德树人根本任务，培养德智体美劳全面发展的新时代医学事业接班人。

三、教学方法

本章课程适宜采用翻转课堂教学法，可充分结合教师讲授、学生讲课、小组案例讨论等授课形式，将课程教学的知识目标、能力目标和价值目标融入案例讨论。

第二节　课程思政案例及分析

一、常见降糖药的角色转变：一药多用带来新思考

（一）案例内容

作为一种常用的口服降糖药，二甲双胍（metformin）对治疗 2 型糖尿病具有良好的疗效。由于副作用少、疗效好，二甲双胍也被美国糖尿病学会（American Diabetes Association，ADA）和欧洲糖尿病研究协会（European Association for the Study of Diabetes，EASD）推荐为糖尿病治疗的首选用药。鉴于糖尿病患者常伴有多种共存疾病，除关注二甲双胍对糖尿病本身的治疗效果外，研究者也在不断探索二甲双胍同时治疗其他疾病的可能，为一药多用带来多重健康收益提供科学证据。近年来，流行病学研究证据表明，二甲双胍能通过抑制肿瘤干细胞增殖、促进肿瘤细胞凋亡、抑制线粒体呼吸能力等机制抑制肿瘤生长，有助于治疗和预防多种肿瘤，能够在肿瘤的药物治疗中发挥有效的辅助作用。

2022 年，在 *JAMA Oncology* 发表的一项临床试验结果发现，伴有糖尿病的人类表皮生长因子受体 2（human epidermal growth factor receptor 2，

HER2）阳性乳腺癌患者在术后标准辅助治疗中联用二甲双胍有效延长了无浸润性疾病生存期（invasive disease free survival，iDFS）和总生存期（overall survival，OS），提示二甲双胍对 HER2 阳性乳腺癌患者的预后存在益处。在肺癌辅助治疗方面，2022 年在 *JAMA oncology* 上发表的一项 2 期临床试验结果提示，二甲双胍与表皮生长因子受体-酪氨酸激酶抑制剂（epidermal growth factor receptor-tyrosine kinase inhibitors，EGFR-TKIs）联合治疗方案对肺癌治疗效果的差异可能与患者的身体质量指数（body mass index，BMI）有关。此项研究基于既往数据进行二次分析，发现 BMI$\geqslant$24 kg/m^2 患者（$n=70$）单独使用 EGFR-TKIs 治疗的无进展生存期（progression-free survival，PFS）和 OS 分别为 8.34 个月和 18.00 个月，二甲双胍与 EGFR-TKIs 联合治疗方案的 PFS 和 OS 分别为 15.38 个月和 31.44 个月，差异均具有统计学意义（$P<0.05$），提示联合治疗方案能有效提高肺癌疗效；相比之下，BMI$<$24 kg/m^2 患者（$n=63$）单纯使用 EGFR-TKIs 与二甲双胍联合使用 EGFR-TKIs 相比，患者 PFS 分别为 7.88 个月和 10.31 个月，OS 分别为 20.46 个月和 27.99 个月，差异均无统计学意义（$P>0.05$），提示联合治疗方案并未显著提高肺癌疗效（如图 17-1 所示）。

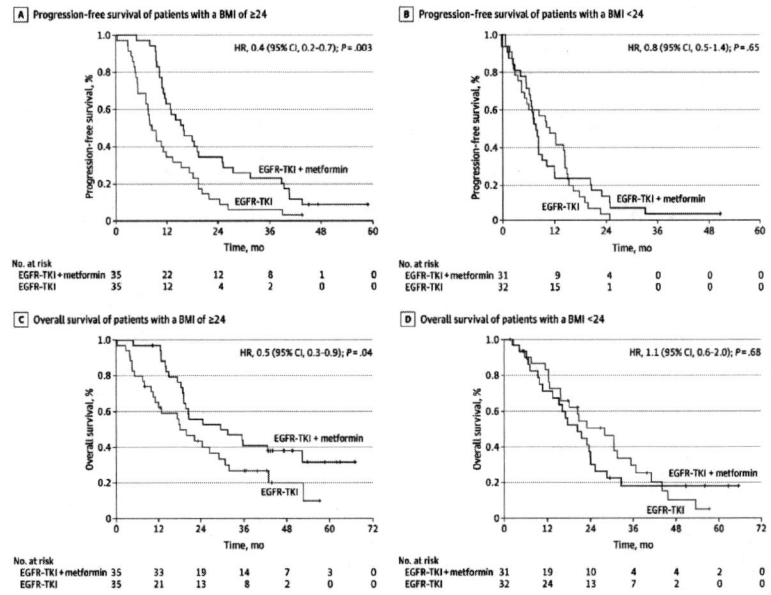

图 17-1　HER2 阳性乳腺癌患者二甲双胍与 EGFR-TKIs 联合治疗方案的效果

资料来源：Arrieta O, Zatarain - Barrón ZL, Turcott JG, et al. Association of BMI with benefit of metformin plus epidermal growth factor receptor - tyrosine kinase inhibitors in patients with advanced lung adenocarcinoma: a secondary analysis of a phase 2 randomized clinical trial [J]. JAMA Oncol, 2022, 8 (3): 477 - 479.

二甲双胍对常见心血管疾病的预防作用，也是学者关注的热点。2022 年在 JACC: Heart Failure 杂志上发表的一项研究对 5852 名因心衰住院的糖尿病患者进行的调查，发现与未服用二甲双胍的患者相比，服用二甲双胍的患者未来 12 个月内因心衰住院或死亡的风险更低［风险比（hazard ratio, HR）= 0.81, $P = 0.03$］。将研究对象按照射血分数进行分层（≤ 40%, > 40%）后发现，射血分数 > 40% 的患者服用二甲双胍后因心衰住院或死亡的风险降低 32%，但该关联在射血分数 ≤ 40% 的患者中不显著（如图 17-2 所示）。

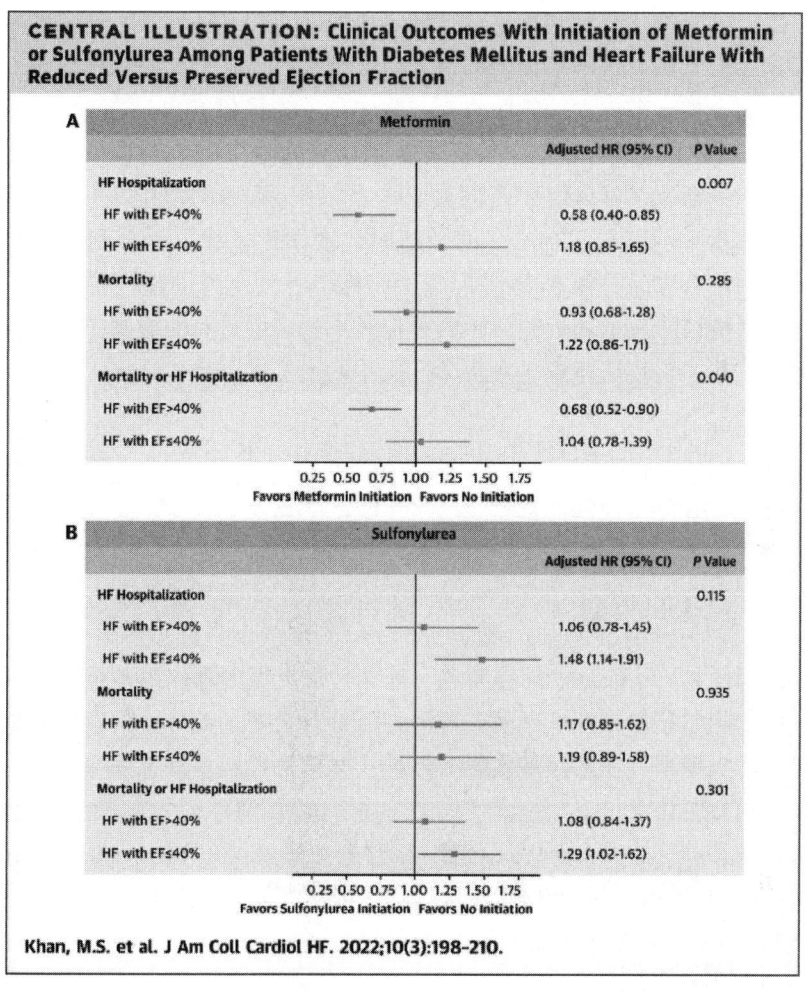

图 17-2　二甲双胍和磺酰脲对心衰合并糖尿病患者的治疗效果

资料来源：Khan MS, Solomon N, DeVore AD, et al. Clinical outcomes with metformin and sulfonylurea therapies among patients with heart failure and diabetes [J]. JACC Heart Fail, 2022, 10 (3)：198-210.

（二）案例分析

本节案例表明，除了作为一种常见的降糖药外，二甲双胍还可辅助多种疾病的治疗，一药多用获得多重健康收益。一直以来，糖尿病、心血管疾病、肿瘤等慢性病给人群健康带来严重威胁，给家庭和社会造成严重疾病负担。随着临床研究和药物流行病学研究的不断发展，二甲双胍的辅助治疗作用得以显现，不断涌现的科学研究结果有望支持二甲双胍实现一药多用，为人类带来更大的健康收益。党的二十大报告指出："创新是第一动力。"本案例通过分析二甲双胍在其他疾病治疗中的应用效果，借助一药多用这一话题，具体阐述药物流行病学发展过程中的创新思想，意在激励广大医学生不忘求学初心，肩负新时代医学生使命，充分利用学科优势，采用创新思维开展药物流行病学研究，为公众谋健康福音。在学习中，教师可以提出话题，与学生共同探讨一药多用带来的健康、社会、经济裨益，共述药物流行病学在医学发展中的重要性。

二、阿司匹林用于心血管疾病一级预防：效益与顾虑并存

（一）案例内容

阿司匹林（aspirin）具有解热、阵痛、抗炎等多重作用，可用于抗肿瘤、防治阿尔兹海默症、预防妊娠高血压综合征等。此外，阿司匹林能够抑制血小板聚集，在治疗缺血性心脏病、预防血栓栓塞性疾病方面效果良好。美国心脏协会（American Heart Association，AHA）发布的《2002心血管疾病和脑卒中一级预防指南》和欧洲心脏学会（European Society of Cardiology，ESC）2007年发布的《非ST段抬高型急性冠脉综合征新治疗指南》，均将每日摄入少量阿司匹林作为从抗血小板凝聚途径预防心血管疾病的有效方法。

阿司匹林的临床应用日益广泛，相应的药品不良事件（adverse drug event，ADE）也成为药物流行病学研究关注的重点。研究表明，服用阿司匹林会对凝血系统、消化系统、免疫系统造成不良影响。大剂量服用阿司匹林，可抑制凝血酶原的形成，导致出血。长期低剂量服用阿司匹林，会造成胃黏膜出血、糜烂或溃疡，甚至颅内出血。不仅如此，阿司匹林在体内代谢过程中会引起支气管痉挛，导致"阿司匹林哮喘"等免疫反应发生。据估计，全球4%～8%的哮喘可归因于阿司匹林使用。随着降压、戒烟等降低心血管疾病（cardiovascular diseases，CVD）预防措施的普及，阿司匹林的健康效益受到广泛关注。2018年，ARRIVE、ASCEND、

ASPREE 三项大规模临床研究表明,阿司匹林导致的出血风险与收益相抵。一项在 CVD 高危群体——糖尿病患者中开展的阿司匹林一级预防研究评价结果表明,与安慰剂组相比,平均服药 7.4 年的试验组心梗、短暂性脑缺血发作(transient ischemia attack,TIA)等心血管疾病风险仅降低 12%,而消化道、眼部、颅内及其他部位的大出血事件的风险上升 29%,阿司匹林在 CVD 一级预防中的地位被动摇。

由于阿司匹林对 CVD 一级预防的净收益甚微,多机构对阿司匹林的推荐指数逐渐下降。2022 年,JAMA 发布美国预防服务工作组(US Preventive Services Task Force,USPSTF)最新版阿司匹林一级预防 CVD 和结直肠癌的建议声明:针对 10 年 CVD 风险≥10% 的成年人(45～59 岁)应用阿司匹林作为 CVD 一级预防的净收益很小,对此人群做 C 级推荐;≥60 岁及以上老人没有净收益不建议用药,做 D 级推荐。相较于 2016 年版声明建议,最新版的建议对阿司匹林应用于 CVD 一级预防的推荐等级有所下降(如图 17-3 所示)。

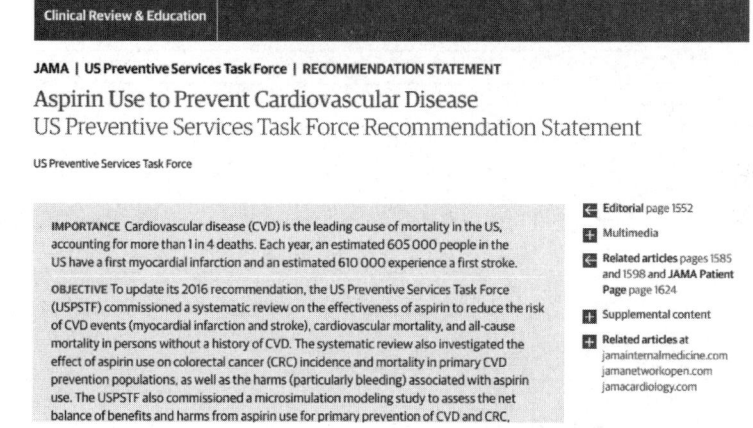

图 17-3 美国预防服务工作组发布最新版阿司匹林一级预防 CVD 和结直肠癌的建议声明

资料来源:US Preventive Services Task Force. Aspirin use to prevent cardiovascular disease:US preventive services task force recommendation statement. JAMA, 2022, 327 (16):1577-1584.

在世界各国对是否继续将阿司匹林用于 CVD 一级预防充满争议的同时,我国于 2006 年、2019 年在《中华内科杂志》发布并更新《规范应用阿司匹林治疗缺血性脑血管病的专家共识》，并于 2021 年《中国心血管疾病一级预防指南》中再次推荐：具有动脉粥样硬化性心血管病（atherosclerotic cardiovascular disease，ASCVD）高危且合并至少 1 项风险增强因

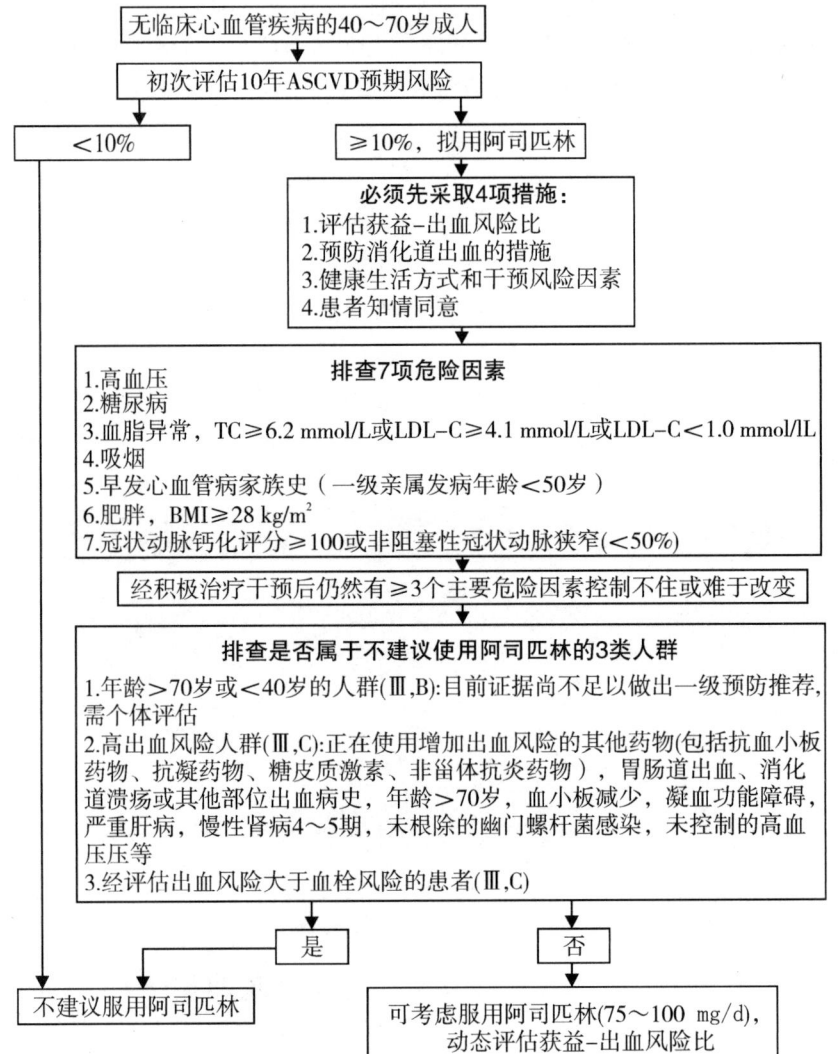

图 17-4 2019 中国专家共识阿司匹林一级预防人群筛查的简明流程图

资料来源：中华内科杂志编辑部. 规范应用阿司匹林治疗缺血性脑血管病的专家共识［J］. 中华内科杂志，2006，41（7）：1.

素，但无高出血风险的 40～70 岁的患者，可应用低剂量阿司匹林进行 ASCVD 一级预防。我国心血管疾病预防指南专家共识的再版与坚持推荐，都表明药物的应用不仅要考虑国外的经验，更要基于我国现实的国情。不同于美国近年来逐年下降的 CVD 患病风险，我国高血压、糖尿病等心血管疾病危险因素的流行情况仍旧严峻。此外，阿司匹林在美国的使用率超过 20%，远高于我国水平（2.4%）。如今，我国与 50 年前的美国面临着相似的处境，威胁人群心血管健康的危险因素持续存在。此外，我国心血管疾病高危人群占比处于全球较高水平，而一级预防药物使用率偏低，种种因素促使我国继续坚持在心血管疾病一级预防中使用阿司匹林。在借鉴国外经验的基础上，不断完善阿司匹林适宜获益－出血风险比人群的筛查标准，重视阿司匹林对消化道的危害，促进阿司匹林在中国心血管一级预防中获益的最大化。

（二）案例分析

药物流行病学的研究重点是既要注重经验也要贴合国情。药物的安全性评价和有效性评价，是药物流行病学的关注重点。在对此部分进行讲述时，可以将阿司匹林可能产生的不良反应、净收益较低导致美国预防服务工作组对阿司匹林用于 CVD 一级预防推荐指数下降作为引入。在此基础上，对药物流行病学的研究重点进行详细阐述。党的二十大报告强调："坚持预防为主，加强重大慢性病健康管理。"在各界对阿司匹林是否走下 CVD 一级预防药物神坛众说纷纭的同时，我国专家坚持使用阿司匹林应用于 CVD 一级预防，这是在考虑了国外预防 CVD 的经验后基于我国实际的决定。本节内容教导学生在医疗事业发展过程中既要注意掌握理论知识、学习前人经验，又要将理论经验与我国实际相结合，以理论联系实际扎实推进科学研究进程，推动我国新时代医疗事业稳步发展。

三、药品不良反应监测：药品安全性研究的基础

（一）案例内容

药品不良反应（adverse drug reaction，ADR），是指合格药品在正常用法用量下出现的与用药目的无关的或以外的有害反应。其中严重不良反

应，指服用药品引起的死亡、致畸、致癌、致出生缺陷等任何一种伤害。随着医药事业的蓬勃发展，药品安全问题成为威胁人类健康的重大问题之一。1961 年，西德短肢畸形婴儿的调查结果公布于世，沙利度胺（反应停）这一治疗妊娠反应的药品被曝光为导致婴儿海豹畸形的罪魁祸首。"反应停事件"也成为 20 世纪最大的药品安全事件。受该事件影响，世界卫生组织于 1968 年制定国际药物监测合作计划收集和交流药品不良反应报告，制定药品不良反应报表、药品不良反应术语、药品目录，发展计算机报告管理系统。我国于 1998 年正式加入该计划。截至 2022 年，该计划的正式成员国从 1968 年的 10 个增加到 152 个，非正式成员国共计 20 个。2001—2010 年间，WHO 国际药物监测合作计划出具 ADR 报告 200 万份，该计划成为覆盖全球的关注患者用药安全、实现药物警戒的计划。

在我国，随着对药品不良反应重视程度的增加，包括《药品不良反应监测管理办法（试行）》及《药品管理法》在内的相应法律法规也逐步得以建立和完善。以法律为最强约束力，明确了药品不良反应的报告制度。此外，在国家食品药品监督管理局主导下，积极开展全国 - 省、自治区、直辖市 - 区、县 - 药品生产商、经营商、医疗机构联动的 ADR 报告和监测管理工作，实现及时、规范、动态的信息收集。除 ADR 信号监测系统外，国家药品监督管理局还定期在官方网站发布国内外药物警戒快讯，进行药物使用安全警示。截至 2022 年 11 月，该官网共发布 226 期药物警戒快讯，给医疗各界正确、规范使用相应药物，保障患者用药安全提供了依据（如图 17 - 5 所示）。

图 17 - 5　国家药品监督管理局药物警戒快讯

资料来源：https://www.nmpa.gov.cn/so/s?tab = all&qt = %E8%8D%AF%E7%89%A9%E8%AD%A6%E6%88%92%E5%BF%AB%E8%AE%AF.

（二）案例分析

从反应停致短肢畸形的案例导入，在强调药物安全性评价重要性、动物实验研究外推科学性的同时，可以增强学生对科学研究严谨性的理解。党的二十大报告提出，要"强化食品药品安全监管"。从全球和我国近些年来在药品不良事件监测系统的建立与完善入手，引导学生了解全球对用药安全的关注，增强对药物流行病学研究意义的理解。此外，报告还提出，要"全面推进国家各方面工作法治化"。教师可以带领学生，从国家不断完善的药品不良事件报告体系、法律法规体系中体会流行病学对推动制度改革的贡献，培养学生为国奋斗的民族自豪感，增强其爱国主义情怀。本章节通过介绍药品不良反应监测系统的发展，深刻阐述了近年来我国对药品监管的规范化、系统化、科学化、法制化与国际化，体现了我国在保障人民用药安全、守护人民用药健康方面的努力与增进人民健康福祉的决心。

（三）课堂讨论

1. 结合案例二，阐述药物流行病学的主要研究内容及意义

（1）案例二反映出的药物流行病学主要研究内容为：药物安全性评价及药物有效性评价。阿司匹林之所以在近年来一直处于 CVD 以及预防用药的风口浪尖，主要原因还是科学家对其药品不良反应（药物安全性）与健康收益（药物有效性）的效益风险比的权衡。药物安全性是药品风险管理的主要依据，药物有效性是指导合理、安全、有效用药的重要指示因素。

（2）意义：案例二体现的药物流行病研究意义主要体现在上市后的研究，一方面可以补充上市前研究未获得的信息，例如阿司匹林对 CVD 的一级预防作用和潜在的药品不良反应与并发症，同时可与其他类似药物如他汀类药物进行疗效比较。另一方面也可获得上市前难以获得的信息，例如人群中药物利用情况、风险－效益比及过量用药情况等。

2. 结合案例三及课本所学，阐述常用的 ADR 监测方法的内容和现实意义

目前，国际上较常使用的 ADR 监测方法包括自愿报告系统、重点医院监测、重点药物监测、速报制度以及我国各省/自治区/直辖市组成的国家药品不良反应监测网络。不断完善的监测制度可以实现更大范围、更快速、更低费用地对药品不良反应事件进行收集，为规范药物使用、保障用药安全提供数据支撑。

参考文献

[1] 杨宇. 二甲双胍与肿瘤研究进展［J］. 国际泌尿系统杂志，2019，39（1）：142－145.

[2] 张斯时，孙婷婷，李龙健. 阿司匹林的临床新应用及不良反应［J］. 中国现代应用药学，2009，26（S1）：1126－1127.

[3] 辛晓峰. 阿司匹林性哮喘［J］. 中国临床医生，2004（2）：10－12.

[4] 规范应用阿司匹林治疗缺血性脑血管病的专家共识［J］. 中华内科杂志，2006（1）：81－82.

[5] 阿司匹林在心血管疾病一级预防中的应用中国专家共识写作组. 2019 阿司匹林在心血管疾病一级预防中的应用中国专家共识［J］. 中华心血管病杂志（网络版），2019，2（1）：1－5.

[6] 中华预防医学会，中华预防医学会心脏病预防与控制专业委员会，中华医学会糖尿病学分会，等. 中国健康生活方式预防心血管代谢疾病指南［J］. 中华预防医学杂志，2020，54（3）：256－277.

[7] 李小鹰. 解读 2019 阿司匹林在心血管疾病一级预防中的应用中国专家共识［J］. 中华老年心脑血管病杂志，2019，21（12）：1342－1344.

[8] 系列问答 138：WHO 国际药物监测合作计划近年有何进展？［J］. 药物不良反应杂志，2011，13（1）：63－64.

[9] 国家药品监督管理局智能云搜索［EB/OL］. https：//www. nmpa. gov. cn/so/s? tab = all&qt = % E8% 8D% AF% E7% 89% A9% E8% AD% 206% E6% 88% 92% E5% BF% AB% E8% AE% AF.

[10] Inzucchi S E, Bergenstal R M, Buse J B, et al. Management of hyperglycemia in type 2 diabetes: a patient-centered approach: position statement of the American Diabetes Association (ADA) and the European Association for the Study of Diabetes (EASD)［J］. Diabetes Care, 2012, 35（6）：1364－1379.

[11] Mortimer J E, Seewaldt V. Who Will Benefit From Metformin? [J]. JAMA Oncology, 2022, 8 (7): 979-981.

[12] Arrieta O, Zatarain-Barron Z L, Turcott J G, et al. Association of BMI with benefit of metformin plus epidermal growth factor receptor-tyrosine kinase inhibitors in patients with advanced lung adenocarcinoma: a secondary analysis of a phase 2 randomized clinical trial [J]. JAMA Oncology, 2022, 8 (3): 3.

[13] Khan M S, Solomo N, Devore A D, et al. Clinical outcomes with metformin and sulfonylurea therapies among patients with heart failure and diabetes [J]. JACC-Heart Failure, 2022, 10 (3): 13.

[14] Pearson T A, Blair S N, Daniels S R, et al. AHA guidelines for primary prevention of cardiovascular disease and stroke: 2002 update: consensus panel guide to comprehensive risk reduction for adult patients without coronary or other atherosclerotic vascular diseases. american heart association science advisory and coordinating committee [J]. Circulation, 2002, 106 (3): 388-391.

[15] Gaziano J M, Brotons C, Coppolecchia R, et al. Use of aspirin to reduce risk of initial vascular events in patients at moderate risk of cardiovascular disease (ARRIVE): a randomised, double-blind, placebo-controlled trial [J]. Lancet, 2018, 392 (10152): 11.

[16] Bowman L, Mafham M, Wallendszus K, et al. Effects of aspirin for primary prevention in persons with diabetes mellitus [J]. New England Journal of Medicine, 2018, 379 (16): 1529-1539.

[17] Mcneil J J, Wolfe R, Woods R L, et al. Effect of aspirin on cardiovascular events and bleeding in the healthy elderly [J]. New England Journal of Medicine, 2018, 379 (16): 1509-1518.

[18] Davidson K W, Barry M J, Mangione C M, et al. Aspirin use to prevent cardiovascular disease: us preventive services task force recommendation statement [J]. JAMA, 2022, 327 (16): 1577-1584.

[19] O'brien C W, Juraschek S P, Wee C C. Prevalence of aspirin use for primary prevention of cardiovascular disease in the united states: results from the 2017 national health interview survey [J]. Annals of Internal Medi-

cine, 2019, 171 (8): 596-598.

[20] Lu J, Lu Y, Yang H, et al. Characteristics of high cardiovascular risk in 1.7 million chinese adults [J]. Annals of Internal Medicine, 2019, 170 (5): 298-308.

[21] Programme for international drug monitoring [EB/OL]. https://www.who.int/teams/regulation-prequalification/regulation-and-safety/pharmacovigilance/health-professionals-info/pidm.

（刘跃伟）

第十八章　循证医学

第一节　课程思政教学设计

一、案例教学适用范围

本案例适用于本科生和研究生"流行病学"等课程中循证医学相关章节的教学。

二、课程教学目标

1. **知识目标**

（1）掌握循证医学的定义、循证医学实践的基础和步骤、系统综述和 Meta 分析的概念、系统综述的步骤和方法。

（2）熟悉 Meta 分析的适用条件、系统综述和传统综述的区别、异质性的来源和检验方法、系统综述和 Meta 分析中可能存在的偏移及其检测方法。

2. **能力目标**

（1）通过案例讨论，让学生了解中国循证医学的发展历程和历史。

（2）通过案例讨论，让学生认识到循环医学的理念、方法和原则。

3. **价值目标**

（1）通过小组案例讨论的教学活动，增强学生的学习主动性、成就感和自信心，培养学生的团队协作能力。

（2）通过案例教学，让学生了解循证医学在医学研究中的重要作用，树立学生的学术道德和规范意识，激发学生的创新精神，培养学生的爱国情怀和社会责任感。

三、教学方法

　　本章课程适宜采用翻转课堂教学法，学生提前自学慕课和讨论案例。线下理论课程授课，可充分结合教师讲授、学生讲课、小组案例讨论等授课形式。教师课前要求学生查阅相关文献，课上带领学生结合案例讨论学习，掌握循证医学基本理论和方法，使学生能通过批判性阅读的方式评价和判断文献所提供的决策依据是否可靠或可靠程度如何，并将循证医学应用到实践中。课程应确保学生达到掌握循证医学思想、具备批判性思维、部分了解医学科研方法的教学目标，使学生在升学或进入工作岗位后，能以循证的思维解决临床问题，能掌握文献检索、医学论文撰写和初步具备科研设计的能力。

第二节　课程思政案例及分析

一、循证医学的发展史

（一）案例内容

　　"为评价人参的效果，需寻两人，令其中一人服食人参并奔跑，另一人未服人参也令其奔跑。未服人参者很快就气喘吁吁。"上述这则小故事见于1061年的《本草图经》，被认为是中国最早的对照试验研究，也是最早可见的循证思维方式。清朝乾隆时期编著的《考证》一书中所用方法即实践有证据的研究或研究硬的事实，以用于解释古代孔子有关干预的论述。在我国临床实验历史上，苏德隆教授于20世纪60年代初期，第一个完成随机对照试验并发表相关研究成果。在中医药领域，第一个随机双盲对照试验发表于1983年，为中药注射剂治疗心绞痛。20世纪80年代中后期，随着临床流行病学引入，国内开始对中华系列医学杂志上发表的临床试验进行评价。

历史上第一位循证医学的创始人科克伦（Archiebald L. Cochrane）（公元1909—1988年）是英国的一名内科医生，也是一名流行病学家。而"循证医学"的概念于1992年由加拿大的David L. Sackett教授首次提出。20世纪90年代后期，循证医学被引入中国，一批学者投身于实践中，对中国的临床医学杂志进行了广泛的手工检索，并用循证医学标准对发表的大量临床试验文章进行了质量和方法学评价。1997年，中国成立了第一个循证医学中心，并于1999年3月被国际Cochrane协作网正式批准成为世界上第13个中心。

随着循证医学在公共卫生领域的应用成效凸显，循证思想进入疾病的预防研究视野，并受到我国政府的高度重视，从原先缺乏理论证据支撑的经验主义（体现在政策多由领导集体决策制定），到逐渐完善体系，力求科学、可操作。以癌症的防控为例，卫生部于2010年发布的《关于加强少数民族地区癌症综合防治工作的意见》（卫疾控发〔2010〕40号）中提道：在有条件的少数民族地区探索建立癌症主要危险因素的长效监测机制，收集与本地区高发癌症相关的危险因素信息，建立癌症主要危险因素调查与监测制度，建立追踪和评价人群癌症主要危险因素变化的指标体系，动态观察癌症主要危险因素的变化趋势。系统资料的收集、监测、评估等循证方法的应用证明，我国现阶段正在寻求政策和项目科学的理论支撑与依据。同时，卫生部于2009年12月4日发布的《地方部分重点癌症早诊早治项目工作进展情况（工作简报第四期）》中提道：培训班不仅明确要求专业技术人员参加，而且还要求各项目点带上当地的内镜检查图像、病理切片，采取基层专业人员逐个报告、集体现场讲解、专家重点点评的方式进行。针对各项目点数据管理中的实际问题，专门召开子宫颈癌和食管癌数据培训班，重点培训数据收集、流行病学问卷调查技巧及数据库管理等方面的专业知识。可见，慢性病防治中对专业技术人员的培训，得到了政府的支持，并且在全国范围内应用逐渐推广。这显示，国外循证方法应用从理论到实践干预，已经有了"探路者"。

由此可见，我国疾病防治领域的一系列实验和研究遵循"循证医学"的观点和方法，取得了一定成绩，如循证医学证据（包括STONE、SYS-CHINA、FEVER等研究）支持的《中国高血压防治指南》等，并在实践中得到推广与应用。正是由于越来越多循证证据的提供和转化应用，疾病的防控与治疗正在实现从大处方到个体化、从关注疾病到关注健康、从单纯治疗到风险因素评估与控制、从单学科到多学科的变迁。比如，适合中国国情的慢性病"3-3-3"［即：抓好3个人群（一般人群、高危人群和慢病患者）、从3个环节入手（危险因素、高危状态和患病）和采取3种手段（健康教育和健康促进、早诊早治和个体化指导、规范化管理）］防控策略和干预措施的出台，正是这种变迁的体现。随着经济的发展和社会的进步，循证理念亦从最初的医学领域扩大到公共卫生领域（尤其是慢病预防和干预研究领域）。政府主导、以社区为主要单位的需方参与，强化全科医生培训，呼吁多学科和多部门协作的慢病干预、治疗和健康促进活动，受到人们的广泛认同。

（二）案例分析

公共卫生政策影响的人群广泛，应用的背景环境复杂，一旦出现问题会影响公众对卫生决策的信心。一切卫生决策都必须基于当前最好的证据，以使有限的卫生资源得到最有效的使用。

党的二十大报告强调要："健全公共卫生体系，加强重大疫情防控救治体系和应急能力建设。"过去几十年，通过一代代公共卫生工作者的努力，中国公共卫生事业取得了卓越的成就，积累了宝贵的经验，引发了新一代公卫人的思考，推动了中国健康事业的滚滚前行。在新的历史时期，经济的快速发展、医疗体制改革的步步深入，为公共卫生事业发展带来新的机遇与挑战。自2003年SARS暴发之后，中国政府对公共卫生越来越重视。无论政府的投入、各项政策的出台，还是防控项目的开展，都彰显了中国政府对疾病防控在公共卫生领域以及国民健康方面重要性的认识越来越成熟，政策内容也揭示了政府从全国层面上组织、从地方层面上鼓励的态度。这也说明了中国政府与时俱进、实事求是，高度重视循证医学思想，发展精准预防与精细化健康管理，努力实现生命全周期的卫生保健服务，并以社区为结合点，最终实现健康中国的宏伟目标。

循证卫生决策，是遵循研究证据制订关于一组病人、一个社区或一个国家医疗卫生法规、政策和方针的决策方式。广义的循证医学不仅局限于循证临床实践研究，而且在循证医疗卫生决策领域也发挥重要作用。公共卫生政策和措施的制定，需要建立在科学研究的基础上，需要以一定的证据为基础，权衡证据做出选择和判断，同时要考虑个体或社会提供预防服务时的全部经济成本（但经济成本并非首要考虑因素）。此外，价值观、政治压力和文化传统等因素，也需要充分被考虑。只有在科学证据基础上的循证决策，才是安全的、可靠的。

然而，中国循证公共卫生发展也面临着许多问题。其中出现的主要问题是由于发展中国家开展的原始研究太少，使已有的和正在发展的系统综述对发展中国家（包括中国）的循证实践作用十分有限；与发展中国家优先卫生问题有关的系统综述也很少，很多干预措施虽然经科学证明是有效的，但是无法在资源贫乏的地区实施。这就需要我们在未来加强基于本国人群的公共卫生基础研究，亟须建立中国人群队列研究，积累基础数据，发现人群特有的公共卫生问题和针对性的解决方案。

与此同时，中国是发展中国家，经济发展不平衡，东中西部经济发展水平相差极大，医疗卫生资源分布也不均衡。因此，疾病防控干预措施的推行在不同的地区要采用不同的标准，经济比较落后的地区往往医疗卫生水平也比较低，需要更大的干预强度。当前，中国老百姓对于慢性病的了解程度和对健康的需求程度还未达到发达国家的水平。在防控干预过程中，除了医疗服务提供方的问题外，老百姓本身也存在着对慢性病认知的不足，而政府以经济发展为中心的政策，更加大了这样的差距。故而，无论从经济层面还是认知层面而言，我国与发达国家的差距决定了国外经验无法直接套用。但将先进模式予以转化学习，仍然是我国慢性病防治工作的必由之路。只有这样，才能实现党的二十大提出的："深入贯彻以人民为中心的发展思想，在幼有所育、学有所教、劳有所得、病有所医、老有所养、住有所居、弱有所扶上持续用力，建成世界上规模最大的教育体系、社会保障体系、医疗卫生体系，人民群众获得感、幸福感、安全感更加充实、更有保障、更可持续，共同富裕取得新成效。"

二、中国循证医学的早期实践者——李幼平

（一）案例内容

1996年3月，刘鸣向国际Cochrane协作网和英国Cochrane中心创始人Iain Chalmers博士提出建立中国Cochrane中心（Chinese Cochrane Centre, ChiCC）的想法，得到Iain Chalmers的热情支持。1996年7月，刘鸣回国，向当时的华西医院科研副院长李幼平汇报此情况，建议医院创办中

国循证医学/Cochrane 中心。李幼平从当时的华西医院为本项目争取到 10 万元启动资金。

中国循证医学/Cochrane 中心筹建工作由李幼平总体负责领导，刘鸣负责专业技术支持和联络国际技术指导，王家良提供方法学与人才支持和指导，何俐承担秘书工作。1997 年，时任华西医科大学校长张肇达正式致信卫生部，申请在华西建立中国循证医学/Cochrane 中心。两周之后，得到卫生部批复，张校长立即积极协助寻求国际基金资助，启动筹建中心。

李幼平生在西部，长在西部，在西部受教育，又留在西部服务，深深了解西部的疾苦、需求和挑战。但同时，她又有幸在美国一流大学的一流研究所工作 4 年，亲身体会了一流人才、一流科研、一流服务。她清晰地意识到基于中国实际按照国际标准生产高质量本土化证据的重要性。中心筹建工作并非个别教授或少数人在十年、数十年能胜任与完成。所以，1997 年，在启动建立中国循证医学/Cochrane 中心之初，她就将循证医学在中国的发展定位为：立足国内需求，借鉴国际经验，参与国际合作，"证—研—学—产—用"一体化发展的创新事业。李幼平按照"学科、平台、梯队、知名度"的设计，采用"参与、引进、培训、教育""实践、研究、传播、评价""质量、方法、转化、创新""合作、服务、绩效"的分阶段策略。

李幼平先后创建了中国循证医学中心、中国 Cochrane 中心、中国临床试验注册中心、循证医学教育部网上合作研究中心及 18 个分中心。这使中国 Cochrane 中心成为全球 14 个 Cochrane 国家中心中唯一同时拥有注册中心、中英文循证医学杂志、循证医学学科及全国循证医学教材的中心。在搭建平台的基础上，李幼平开拓循证医学学科体系建设，开展多层次循证医学教育教学，为全国 40 余所高校培养了 300 余名师资。2020 年，获循证中医药终身成就奖。

李幼平教授既是一名循证医学专家，也是一名具有战略眼光的科学家。她提出了"广义循证观"，随后提出"循证科学"，将循证医学定位为一门科学快速处理海量信息、合成复杂问题、综合干预证据的方法学。因而，这门学科的应用，远远超出临床和医学范畴，被用于医学领域之外，充分发挥了卫生技术评估、临床流行病学、循证医学和 Cochrane 协作网各自和整合的优势，将循证医学与医学科学、自然科学、社会科学、管理科学、信息科学等多学科交叉合作融合，创新理念和发展模式。这迅速推动了循证医学的学科领域从狭义循证临床医学向循证公共卫生发展，再向更广泛的学科领域拓展。在过去 20 多年，李幼平教授推动了中国循证医学的快速发展，也将推动我国循证医学迈向新的未来。

（二）案例分析

中国拥有世界上最多的人口，属于发展中国家，比别的国家更需要依靠科学、快速处理海量信息，经过系统检索，严格评价，找出当前最佳的证据，帮助政府、患者和公众科学决策，更有效合理地配置和高效使用有限的卫生资源，服务医改大目标的实现。循证医学的核心是证据，而证据的核心是质量，科学适用的方法学是高质量证据生产和转化的技术保障；科学转化是体现质量和方法价值的手段；而创新是发展的基础和灵魂。

（三）课堂讨论

（1）简述循证医学实践的步骤。

完整的循证医学实践过程主要包括以下 5 个步骤：①提出一个临床实践问题；②寻找回答这一问题的最佳证据；③严格评价证据；④应用最佳证据；⑤效果评价。

（2）简述系统综述的步骤。

系统综述的步骤包括：①选题和制定研究方案；②检索和收集原始文献；③根据入选标准选择合格的研究；④评估入选研究的质量；⑤提取信息，填写摘录表，建立数据库；⑥汇总结果，进行异质性检验、Meta 分析、敏感性分析和亚组分析；⑦总结报告，绘制森林图。

（3）系统综述中常见的偏倚种类有哪些？

系统综述中常见的偏倚种类有：发表偏倚、文献检索偏倚、引用偏倚、多次发表偏倚、有偏倚的入选标准、权重偏倚。

参考文献

[1] 张鸣明，李幼平. 循证医学简史 [J]. 中华医史杂志，2002 (4)：39-42.

[2] 王朝昕，姜成华，刘蕊，等. 循证理念引入慢病防治的必要性分析 [J]. 中国全科医学，2013，16 (28)：2627-2629.

［3］李立明. 新中国公共卫生 60 年的思考［J］. 中国公共卫生管理，2014，30（3）：311-315.

［4］李幼平，李静，孙鑫，等. 循证医学在中国的起源与发展：献给中国循证医学 20 周年［J］. 中国循证医学杂志，2016，16（1）：2-6.

［5］李幼平，李静，孙鑫，等. 循证医学在中国的发展：回顾与展望［J］. 兰州大学学报（医学版），2016，42（1）：25-28.

（林华亮）

第十九章　恶性肿瘤

第一节　课程思政教学设计

一、案例教学适用范围

本案例适用于本科生和研究生"流行病学"等课程中恶性肿瘤相关章节的教学。

二、课程教学目标

（1）了解恶性肿瘤的定义和分类。
（2）了解恶性肿瘤的流行特征和危险因素。
（3）结合案例熟悉影响恶性肿瘤的可改变的因素。
（4）结合案例掌握恶性肿瘤的预防策略和措施。
（5）培养学生的专业责任感和使命感，让学生体会国家富强对保障人民健康的重要性，理解预防策略和措施对于疾病防治的重要性。

三、教学方法

本章课程适宜采用讨论法，采取小组案例讨论的授课形式。教师提出相关问题，将课程的教学目标融入案例讨论，将理论与实际相结合，从而提高学生学习的主动性和积极性。

第二节　课程思政案例及分析

一、基于肿瘤登记系统的恶性肿瘤可改变危险因素分析

（一）案例内容

恶性肿瘤发病率在世界范围内呈上升趋势，给个人、家庭和社会造成沉重的负担。肿瘤登记，是对肿瘤流行情况、趋势变化和影响因素进行长期、连续、动态地系统性监测，是制定肿瘤预防控制策略、开展综合防控研究、评估防控效果的重要基础性工作。2002年，我国成立了全国肿瘤登记中心，在全国范围内开展肿瘤标准化登记，统筹收集各地医院、社区卫生服务中心及城乡医保服务中确诊的恶性肿瘤数据，肿瘤登记数据质量有了基本保证。2008年，卫生部启动了国家肿瘤随访登记项目，以中央财政支持开展肿瘤登记项目工作，全国肿瘤登记工作区县不断增加，覆盖人口不断扩大。

恶性肿瘤的发病是一个多因素、多阶段、多效应的复杂过程。个体自身因素和环境因素在肿瘤的发生发展中起到重要作用。但遗传等机体内源因素难以改变，因此，可改变的外源性致病因素防控对恶性肿瘤防治意义重大。习近平总书记在党的二十大报告中也强调，科学研究要坚持面向人民生命健康，要加强基础研究，激发创新活力。全国癌症登记项目就是一项为保护人民生命健康提供恶性肿瘤相关数据的重要工作。根据肿瘤登记信息，国家癌症中心定期发布全国恶性肿瘤相关信息，系统整理肿瘤登记、死因监测和地理分布等相关数据，为因地制宜开展恶性肿瘤预防和早诊早治工作提供科学依据和规范指导。

Chen等人基于肿瘤登记和疾病监测点的数据，于2019年在 *Lancet Glob Health* 发表了题为"Disparities by Province, Age, and Sex in Site-specific Cancer Burden Attributable to 23 Potentially Modifiable Risk Factors in China: A Comparative Risk Assessment"的文章。该文章中的数据，包含

中国大陆31个省市自治区2859个县级行政规划中的978个区县，覆盖全国40.0%的20岁及以上成年人（4.258亿）。按性别、肿瘤部位、年龄组计算各省恶性肿瘤死亡率，并以此估计每个省份的恶性肿瘤死亡人数。筛选出五大类23项危险因素，分别为：①行为因素（吸烟、二手烟、饮酒和缺乏锻炼）；②饮食因素（水果摄入不足、蔬菜摄入不足、膳食纤维摄入不足、膳食钙摄入不足，食用红肉、加工肉类和腌渍蔬菜过多）；③代谢因素（超重和糖尿病）；④环境因素（$PM_{2.5}$污染和紫外线辐射）；⑤感染因素（幽门螺杆菌、乙肝病毒、丙肝病毒、人免疫缺陷病毒、EB病毒、人乳头瘤状病毒、人类疱疹病毒8型和华支睾吸虫），根据公式计算出可归因的恶性肿瘤死亡数及百分比。危险因素暴露指标的各项数据，来自2002年的中国国民营养与健康调查、传染病监控数据、艾滋病哨点、中国环保部和中国气象局。

研究结果显示，2014年，中国20岁及以上成人中，103.6004万例恶性肿瘤的死亡（占所有恶性肿瘤死亡人数的45.2%）可归因于潜在可改变的危险因素。从地域来看，可改变危险因素导致的恶性肿瘤占比最高的省份为黑龙江，其次是广东、吉林和湖北（见表19-1）。可改变危险因素比例在不同性别间有较大差异（见表19-2和表19-3）。男性主要的危险因素为吸烟、乙肝病毒和水果摄入量低（如图19-1所示）；而女性主要的患癌危险因素为水果摄入量低、乙肝病毒和吸烟（如图19-2所示）。危险因素在不同省市也有所差异。

"没有全民健康，就没有全面小康。"人民健康是民族昌盛和国家富强的重要标志，也是个人幸福生活的基本保障。恶性肿瘤防控是一项需要全社会参与的、持久的、系统的工程。在党和政府对健康事业的持续关注和重视、国家财政对癌症项目的资金支持下，越来越多的恶性肿瘤及相关因素研究项目得以开展，人们对于恶性肿瘤防治的认识不断加深，政府主导的将防控以制度或法律形式制度化的措施也在日益完善。为降低恶性肿瘤的发病率和死亡率，实现健康中国战略目标，更多新的发现还有待探索，研究者仍需不断努力！

表19-1 可归因于潜在可改变危险因素的各省市20岁及以上成人恶性肿瘤死亡-部分

省份	恶性肿瘤死亡人数	可归因恶性肿瘤死亡人数	可归因恶性肿瘤死亡人数百分比/% (95% CI)	排名
黑龙江	70854	37516	52.9 (48.1-58.1)	1
广东	136448	67863	49.7 (47.0-52.4)	2
吉林	44956	22206	49.4 (44.5-54.5)	3
湖北	100213	48735	48.6 (45.4-51.9)	4
内蒙古	40956	19768	48.3 (42.6-54.2)	5
青海	7808	3739	47.9 (43.7-52.0)	6
重庆	61478	29105	47.3 (44.1-50.5)	7
广西	82525	38541	46.7 (43.5-49.9)	8
海南	13757	6403	46.5 (40.8-52.2)	9
四川	172081	79164	46.0 (42.4-49.5)	10
……	……	……	……	……
新疆	21775	8341	38.3 (33.0-43.2)	29
西藏	2322	873	37.6 (31.1-44.0)	30
上海	39567	13921	35.2 (31.6-38.6)	31
全国	2290538	1036004	45.2 (44.0-46.4)	—

表19-2 可归因于潜在可改变危险因素的各省市20岁及以上成人男性恶性肿瘤死亡-部分

省份	恶性肿瘤死亡人数	可归因恶性肿瘤死亡人数	可归因恶性肿瘤死亡人数百分比/% (95% CI)	排名
广东	91287	51456	56.4 (53.7-59.0)	1
黑龙江	42994	24152	56.2 (51.6-61.1)	2
湖北	64113	34915	54.5 (51.3-57.6)	3

续表 19-2

省份	恶性肿瘤死亡人数	可归因恶性肿瘤死亡人数	可归因恶性肿瘤死亡人数百分比/% (95% CI)	排名
吉林	26593	14380	54.1 (49.4-59.0)	4
海南	8532	4599	53.9 (47.7-60.3)	5
重庆	40426	21785	53.9 (50.8-57.0)	6
河南	109269	58412	53.5 (51.0-55.9)	7
青海	4836	2566	53.1 (48.8-57.4)	8
福建	37380	19556	52.3 (48.1-56.5)	9
内蒙古	26431	13813	52.3 (46.8-57.8)	10
……	……	……	……	……
西藏	1269	535	42.2 (35.5-49.1)	29
新疆	13031	5425	41.6 (36.3-46.5)	30
上海	23372	9567	40.9 (37.1-44.6)	31
全国	1448757	742082	51.2 (50.0-52.4)	—

表 19-3 可归因于潜在可改变危险因素的各省市 20 岁及以上成人女性恶性肿瘤死亡 - 部分

省份	恶性肿瘤死亡人数	可归因恶性肿瘤死亡人数	可归因恶性肿瘤死亡人数百分比/% (95% CI)	排名
黑龙江	27860	13365	48.0 (42.8-53.4)	1
吉林	18363	7826	42.6 (37.3-48.0)	2
天津	6839	2831	41.4 (37.1-45.9)	3
内蒙古	14525	5955	41.0 (34.8-47.6)	4
宁夏	3360	1375	40.9 (35.3-46.3)	5
青海	2972	1173	39.5 (35.3-43.3)	6
湖北	36100	13820	38.3 (34.8-41.7)	7

续表 19-3

省份	恶性肿瘤死亡人数	可归因恶性肿瘤死亡人数	可归因恶性肿瘤死亡人数百分比/%（95% CI）	排名
辽宁	35049	13216	37.7（34.7-40.9）	8
广东	45161	16407	36.3（33.4-39.2）	9
贵州	20152	7268	36.1（32.2-39.7）	10
……	……	……	……	……
江苏	61796	18524	30.0（26.9-32.9）	29
云南	20145	5968	29.6（25.6-33.3）	30
上海	16194	4355	26.9（23.5-29.9）	31
全国	841781	293922	34.9（33.6-36.2）	—

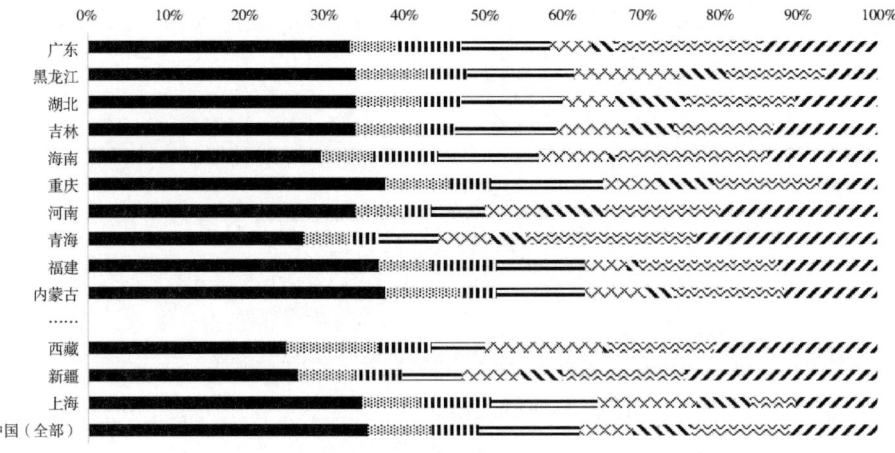

■吸烟 ※其他行为危险因素 ‖其他饮食危险因素 ═水果摄入量低 〈代谢 ﹨环境因素 ﹀乙肝病毒 ╱其他感染源

图 19-1　各省市 20 岁及以上成年男性各危险因素的可归因恶性肿瘤死亡比例（部分）

资料来源：Chen W, Xia C, Zheng R, et al. Disparities by province, age, and sex in site-specific cancer burden attributable to 23 potentially modifiable risk factors in China：acomparativeriskassessment [J]. Lancet Global Health, 2019, 7 (2)：13.

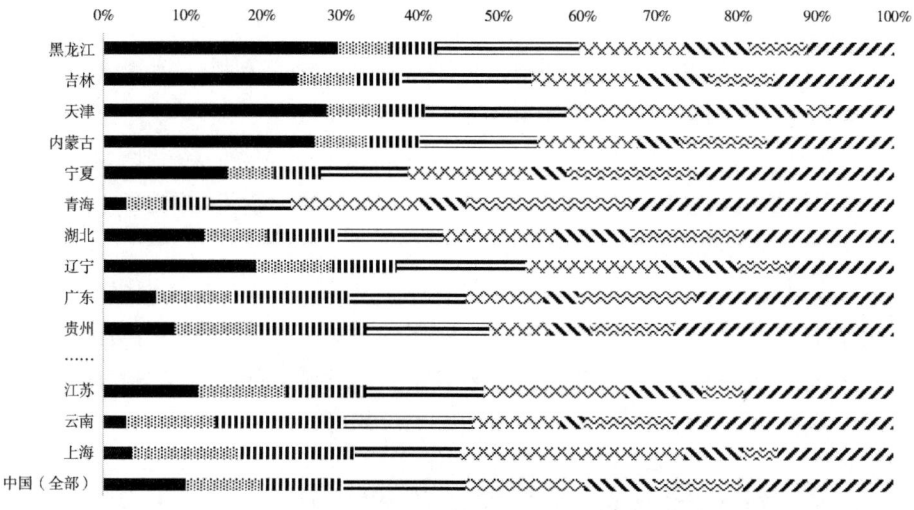

图19-2 各省市20岁及以上成年女性各危险因素的可归因恶性肿瘤死亡比例（部分）

资料来源：Chen W, Xia C, Zheng R, et al. Disparities by province, age, and sex in site-specific cancer burden attributable to 23 potentially modifiable risk factors in China: acomparativeriskassessment [J]. Lancet Global Health, 2019, 7（2）: 13.

（二）案例分析

本案例围绕"我国恶性肿瘤预防策略和目标"设置案例讨论题目。通过案例讨论，让学生分析加深对恶性肿瘤危险因素的记忆，体会医学研究对恶性肿瘤预防的重要作用。同时，通过案例讨论题目，回顾我国恶性肿瘤防控策略，以及国家肿瘤登记项目工作建立的背景知识介绍，使学生感受到党和政府对于健康事业的关注和大力投入，了解肿瘤登记的必要性和重要意义，培养学生的科研精神、爱国情怀和社会责任感。

（三）课堂讨论

（1）本研究可防控危险因素中的生物因素与哪些恶性肿瘤相关？

幽门螺杆菌与胃癌相关，乙肝、丙肝病毒与肝癌相关，人类免疫缺陷病毒与卡波西氏肉瘤和非霍奇金淋巴瘤相关，人乳头瘤状病毒与宫颈癌相关，EB病毒与鼻咽癌、Burkitt淋巴瘤、霍奇金淋巴瘤相关，华支睾吸虫与胆管癌相关，人疱疹病毒8型与卡波西肉瘤相关。

(2) 恶性肿瘤危险因素根据来源可如何分类？

恶性肿瘤危险因素根据来源可分为环境致癌因子和机体内源性因素。环境致癌因子包括物理因素（电离辐射、紫外线照射、粉尘等）、化学因素（吸烟、饮酒、膳食因素、职业化学致癌因子、药物）和生物学因素。机体内源性因素包括免疫、内分泌及社会心理因素和遗传因素。

(3) 我国的恶性肿瘤防控策略是什么？

我国的恶性肿瘤防控策略是：坚持"预防为主""以农村为重点"及"中西医并重"的卫生工作方针；恶性肿瘤防治与其他重大疾病防治相结合，提高疾病防治的综合效益；重视农村和部分城镇肿瘤高发区，因地制宜开展恶性肿瘤预防和早诊早治工作；政府领导，全社会参与。

二、疾病预防的重要性：不同预算优化策略对宫颈癌发病率的影响

（一）案例内容

宫颈癌是女性常见的恶性肿瘤之一。GLOBOCAN 数据显示，2020 年，全球宫颈癌新发病例为 60.4 万，粗发病率为 15.6/10 万，年龄标化发病率为 13.3/10 万；死亡病例为 34.2 万，粗死亡率为 8.8/10 万，年龄标化死亡率为 7.3/10 万。宫颈癌是迄今唯一病因明确的恶性肿瘤。高危人乳头瘤病毒（human papillomavirus，HPV）持续感染是宫颈癌发病的主要原因，而我国大陆女性高危 HPV 感染率高达 19.0%。通过改变生活方式、定期宫颈癌筛查以及接种 HPV 疫苗等措施进行预防，可降低宫颈癌的发病率，实现早诊早治，减轻疾病负担。2020 年 11 月 17 日，世界卫生组织宣布正式启动《加速消除宫颈癌全球战略》，该战略目标为：到 2030 年，女孩在 15 岁之前接种 HPV 疫苗的覆盖率达到 90%；妇女在 35～45 岁接受 HPV 检测（或类似的高敏感性测试）的覆盖率达到 70%；妇女在宫颈癌及癌前病变发生后规范治疗的覆盖率达到 90%。

2019 年，赵方辉团队在 *Lancet Public Health* 发表了论文"Projections up to 2100 and A Budget Optimisation Strategy towards Cervical Cancer Elimination in China: A Modelling study"。该研究考虑了老龄化、城市化和性行为对宫颈癌的影响，评估在三种预算情况下（预算与 2012—2018 年相同、

预算是 2012—2018 年的两倍以及预算无限制），采取不同策略对宫颈癌发病率的影响，并预估了消除宫颈癌的时间。消除宫颈癌，定义为每 10 万女性中宫颈癌年发病率小于 4 例。如果目前的疫苗接种和筛查覆盖率保持不变，预计到 2100 年，宫颈癌的年发病率将增加到 2015 年的 3 倍。如果不采取任何干预措施，预计到 2100 年，宫颈癌的年发病率将增加到 2015 年的 5 倍。

表 19-4 总结了不同预算优化策略下，中国城市和农村发生的宫颈癌病例总数和避免发生宫颈癌的病例数。策略一是不采取任何干预措施；策略二是保持目前的预算不变；策略三是在当前预算下采取最优策略；策略四是预算为当前预算的两倍；策略五是预算无限制。结果显示，假设从 2020 年开始在现有预算下采取最佳的预防策略（策略三），即 12 岁女性的疫苗接种覆盖率达到 95%，城市 45 岁女性的终生一次宫颈癌筛查覆盖率达到 90%，农村 45 岁女性的终生一次宫颈癌筛查覆盖率达到 33%，那么到 2100 年，城市和农村分别将有 1102 万人和 314.9 万人避免患宫颈癌，城市和农村分别将在 2072 年和 2074 年消除宫颈癌。如果预算增加到现在的两倍（策略四），到 2100 年，城市和农村分别将有 1358.7 万人和 390.8 万人避免患宫颈癌，城市和农村分别在 2063 年和 2069 年消除宫颈癌。如果在预算无限制的情况下（策略五），提高 12 岁女孩的疫苗接种覆盖率和 35～64 岁女性 5 年间隔的宫颈癌筛查覆盖率，城市和农村分别将在 2057 年和 2060 年消除宫颈癌。

该研究充分体现了接种 HPV 疫苗和宫颈癌筛查对于预防宫颈癌的有效性。二十大报告指出：要推进健康中国建设，把保障人民健康放在优先发展的战略位置，完善人民健康促进政策。要坚持预防为主，加强重大慢性病健康管理，提高基层防病治病和健康管理能力。为预防宫颈癌、保障人民健康，为了早日实现世界卫生组织提出的《加速消除宫颈癌全球战略》这一目标，我国相关部门制定了一系列的策略和措施。自 2020 年以来，鄂尔多斯、厦门、成都、无锡、郑州、广东等地已陆续开展或宣布即将开展 HPV 疫苗免费接种工作。这一举措在贯彻落实"健康中国 2030"战略以及实现宫颈癌早防早治方面具有重大意义。

表19-4 不同策略下中国宫颈癌病例总数和避免患宫颈癌的病例数

城市	宫颈癌病例总数（千）				避免患宫颈癌的病例数（千）			
	2020—2029年	2030—2049年	2050—2100年	2020—2100年	2020—2029年	2030—2049年	2050—2100年	2020—2100年
不采取任何干预措施（策略一）	1138	3892	12240	17270	—	—	—	—
目前策略（策略二）	871	2365	7265	10501	267	1527	4975	6769
当前预算下的最优策略（策略三）	990	2781	2479	6250	148	1111	9761	11020
当前预算两倍下的最优策略（策略四）	714	1599	1370	3683	424	2293	10870	13587
预算无限制（策略五）	577	1103	1033	2713	561	2789	11207	14557

续表 19-4

	宫颈癌病例总数（千）				避免患宫颈癌的例数（千）			
	2020—2029年	2030—2049年	2050—2100年	2020—2100年	2020—2029年	2030—2049年	2050—2100年	2020—2100年
农村								
不采取任何干预措施（策略一）	546	1122	3807	5475	—	—	—	—
目前策略（策略二）	458	779	2525	3762	88	343	1282	1713
当前预算下的最优策略（策略三）	531	998	797	2326	15	124	3010	3149
当前预算两倍下的最优策略（策略四）	428	639	500	1567	118	483	3307	3908
预算无限制（策略五）	332	404	324	1060	214	718	3483	4415

（二）案例分析

以评估不同预算优化策略对宫颈癌发病率和消除时间的影响为案例，围绕"恶性肿瘤的三级预防"进行案例讨论，让学生了解三级预防在降低恶性肿瘤发病率中的重要作用，熟悉恶性肿瘤的预防策略和措施。我国通过为适龄女性免费接种HPV疫苗实现宫颈癌的一级预防，免费提供宫颈癌筛查实现二级预防，这些举措是社会文明进步的表现，体现了党和政府对人民至上、生命至上的价值追求，有助于完善我国基本医疗卫生服务体系。

（三）课堂讨论

结合本案例阐述恶性肿瘤的三级预防措施有哪些？

恶性肿瘤的三级预防措施有：①恶性肿瘤一级预防的目标人群是一般人群，目的在于消除或降低致癌因素，防患于未然。本案例中，宫颈癌的一级预防主要是接种HPV疫苗。②恶性肿瘤二级预防的目标人群是高风险人群，目的在于筛检癌前病变或早期肿瘤，能够早发现、早诊断以及早治疗，从而降低病死率。本案例中，宫颈癌的二级预防主要包括宫颈癌筛查。③恶性肿瘤三级预防的目标人群是现患肿瘤病人，目的在于防止肿瘤复发，减少并发症，提高患者的生命质量，可以通过及时治疗实现宫颈癌的三级预防。

参考文献

［1］詹思延. 流行病学［M］. 8版. 北京：人民卫生出版社，2017.

［2］任靖. 多地开展HPV疫苗免费接种工作 接种应尽早尽小［EB/OL］. http://www.news.cn/local/2022－03/04/c_1128435594.htm.

［3］广东省卫生健康委员会.《广东省适龄女生人乳头瘤病毒（HPV）疫苗免费接种工作方案（2022－2024年）》政策解读［EB/OL］. http://wsjkw.gd.gov.cn/hdjl_zcjd/content/post_3659022.html.

［4］Chen W, Xia C, Zheng R, et al. Disparities by province, age, and sex in site-specific cancer burden attributable to 23 potentially modifiable risk factors in China：acomparativeriskassessment［J］. Lancet Global Health，2019，7（2）：13.

[5] Chen W, Zheng R, Baade P D, et al. Cancer statistics in China, 2015 [J]. CA: A Cancer Journal for Clinicians, 2016, 66 (2): 115-132.

[6] Sung H, Ferlay J, Siegel R L, et al. Global cancer statistics 2020: globocan estimates of incidence and mortality worldwide for 36 cancers in 185 countries [J]. CA: A Cancer Journal for Clinicians, 2021, 71 (3): 209-249.

[7] Li K, Li Q, Song L, et al. The distribution and prevalence of human papillomavirus in women in mainland China [J]. Cancer, 2019, 125 (7): 1030-1037.

[8] Xia C, Hu S, Xu X, et al. Projections up to 2100 and a budget optimisation strategy toward scervical cancer elimination in China: a modelling study [J]. Lancet Public Health, 2019, 4 (9): e462-e472.

(张彩霞)

第二十章　糖尿病流行病学

第一节　课程思政教学设计

一、案例教学适用范围

本案例适用于本科生和研究生"流行病学"等课程中糖尿病流行病学相关章节的教学。

二、课程教学目标

通过系统介绍国内外糖尿病的流行特点和危险因素，使学生达到以下目标：
（1）掌握我国糖尿病的流行病学现状。
（2）掌握我国糖尿病的人群防控重点。

三、教学方法

本章课程通过讲授我国糖尿病流行病学研究领域的经典案例开展教学，理论联系实际，提高学生学习的积极性和主动性。

第二节 课程思政案例及分析

大庆糖尿病预防研究

（一）案例内容

糖尿病是威胁人群健康的一类重大慢性病，在人群中患病率高且可导致严重的并发症。2017年，全球死于糖尿病患者高达400万人，占全因死亡的十分之一。在大庆糖尿病预防研究（以下简称"大庆研究"）之前，对糖尿病到底能不能预防、应如何预防的问题，全球均无定论。

大庆研究是在我国开展的一项引领性的流行病学研究，为2型糖尿病的一级预防提供了重要的科学依据，其结果在学术界引起了剧烈反响，是一项具有"里程碑式"意义的人群随机对照实验研究。1985年，中日友好医院内分泌科主任的潘孝仁教授与大庆油田总医院院长胡英华教授合作，在严谨的方案设计的基础上正式启动大庆研究。

研究现场：大庆市；研究设计：现场试验。

（1）整群随机分组。

（2）中等强度的生活方式干预；预期干预8年，研究开始后在第6年已观察到干预组比对照组出现明显的获益而提前结束干预实验。

（3）样本采集：基于110660人的大规模血糖筛查识别577位糖耐量受损者（IGT）。这些IGT患者来源于大庆地区33家诊所。

（4）采用整群随机化法将研究对象分为对照组和干预组，其中干预组则进一步分为饮食、运动、饮食+运动3组，分别有439和138例被分配至干预组及对照组。干预组接受的干预措施如下：

①饮食干预组被鼓励采用中国传统饮食；规定$BMI < 25 \text{ kg/m}^2$者每日摄入热量25～30 kcal/kg，碳水化合物、蛋白质、脂肪各占55%～65%、10%～15%及25%～30%，减少酒精和糖类的摄入，鼓励多吃蔬菜；对$BMI \geq 25 \text{ kg/m}^2$者限制其总热量摄入每日不超过25 kcal/kg，并每月降低体重0.5～1.0 kg，直到达到正常体重。

②运动组规定要增加业余体力活动,每天至少进行 1～2 个运动单位,每周 5 天以上,肥胖者减重。

③饮食加运动组的饮食要适度控制,且运动也要增加。全部研究对象都要接受定期的随访干预:开始的 1 个月内每周 1 次,接下来的 3 个月为每月 1 次,以后是每 3 个月 1 次直至 6 年结束。

(5) 在 1986—1992 年的干预期间,每隔两年和随访结束时都要求受试者做口服糖耐量试验,并且记录和报告被诊断的糖尿病。糖尿病诊断采用 1985 年世界卫生组织(WHO)的诊断标准。

(6) 随访:对研究对象进行长期随访以期评估心血管死亡率、全因死亡率及糖尿病发病率等主要终点。

1997 年,大庆研究在全球范围内首次证明,简单的生活干预方式能够显著减少糖尿病高危人群的糖尿病发病率。研究结果振奋人心:对照组糖尿病累积发生率为 67.7%,而在饮食、运动、饮食+运动组糖尿病的发病率仅为 43.8%、41.1% 和 46%。进一步校正基线体质指数(BMI)和空腹血糖后,三个生活方式干预组的糖尿病发病风险分别比对照组降低了 31%、46% 和 42%。

在证明了糖尿病可防可控的同时,大庆研究还向大众揭示了糖尿病前期人群发展为糖尿病的真实风险有多高。大庆研究 20 年的随访结果发现:糖尿病前期人群在不采取干预措施的情况下,六年内有 67% 发生糖尿病,20 年间有 92% 的人群会发展为糖尿病患者,三分之一发生死亡,44% 的人至少发生了一次心肌梗死或脑卒中,死于心血管疾病的年龄比普通人群提前了约七年。这些研究结果使人们意识到,糖尿病前期人群不仅是糖尿病的高危人群,而且是心血管病和死亡的高危人群。对这样一个高危人群,如不及时采取干预措施则可能造成严重的后果,而在前六年内有近七成的人发展为糖尿病患者的现象也提示,要紧紧抓住这个六年的干预期开展人群防控工作。

在 2016 年进行的 30 年随访中,结果显示,相较于对照组,干预组发生糖尿病的累积发病率降低 39%,心血管疾病事件风险降低 26%,复合严重微血管病变发病率降低 35%,心血管疾病死亡率降低 33%,全因死亡率降低 26%。大庆研究随访 30 年的研究结果充分表明,即使积极生活干预停止,这种干预的延滞效应也会长期存在,其降低糖尿病发病风险的作用能够持续到 20 年以后。而一度被认为只能依靠药物预防的糖尿病并发症，也在这个研究中证实可通过生活方式干预得到有效的预防。

（二）案例分析

中国糖尿病患者人数目前高达1.14亿。其中，成人糖尿病患病率约为11.6%，糖尿病前期患病率为50%。与此同时，糖尿病的并发症和致死率之高，同样令人震惊。在1991—2000年间，我国糖尿病患者中患心血管并发症为15.9%、脑血管并发症为12.2%、神经病变为60.3%、肾脏并发症为33.6%、眼部并发症为34.3%、下肢并发症为5%，总发病率为73.2%。这些数据触目惊心，而糖尿病的危害更远远超出我们的想象。在大庆研究中，未及时采取生活方式干预的对照组的结果显示，IGT人群在30年后死亡率达到72%，而血糖正常人群的死亡率只有其1/3（28%）。大庆系列研究结果表明，对IGT人群采取有效的生活方式干预可延缓2型糖尿病的发病，降低其后续发生CVD事件的风险、微血管并发症、以及CVD和全因死亡率，延长预期寿命。打响人群糖尿病之役，防重于治。在大庆研究结果的基础上，全世界同类的干预研究蓬勃兴起，为人群干预措施提供了大量的科学数据，也为有效遏制全球糖尿病的流行提供了强有力的科学数据。

（三）课堂讨论

此项研究为什么选择在大庆进行？

开展一个针对糖尿病前期患者的大规模长期随访随机对照实验研究需要四个必备条件：

（1）能在短时间找到足够的符合纳入标准的糖尿病前期人群。

（2）这个人群相对稳定，不会有大量人口迁徙。

（3）有热衷于糖尿病预防的医务工作者和支持医务工作的居民。

（4）有当地政府的支持。

背景：1986年，中国大部分地区还处于贫困之中。糖尿病一度被人们认为是"富贵病"，患病率还不足1%。哪里可招募到研究所需要的几百例糖尿病前期的人群？20世纪80年代，在我国广阔的松辽平原，蓬勃发展的石油勘探和开发，使大庆油田取得了赫赫战果：石油产量跃居全国石油总产量的一半。大庆市人民的生活水平有了很大改善，当地的福利待遇明显优于国内其他地区。当时，在全国肉类食品处于严格配给的情况下，大庆广大的采油厂和钻井队的职工却已经享受到了送肉送油等"福利"。正由于吃得好但动得少，该地不少人体重日益增加，肥胖问题日趋明显，糖尿病的发病率明显高于国内其他地区。更重要的是，由于生活较为富裕、福利待遇高、工作容易找，大庆人口相对稳定，很多家庭都是几代人长期生活和工作在这里，这对长期追踪随访极为有利。同时作为发达的工业区，大庆的医疗资源非常丰富，并且大庆政府高度支持，这些都能够满足开展大庆糖尿病预防研究的需要。研究者一致认为，当时的大庆是今后中国经济发展的缩影，是中国先富裕起来的样板。随着经济发展，在大庆出现的健康问题也可能在中国其他地区出现。

参考文献

[1] 王金平，张波，姜亚云，等. 大庆糖尿病前期人群糖耐量改善对心血管事件和死亡率的影响：一项20年随访研究 [J]. 中华内分泌代谢杂志，2010（1）：6-9.

[2] Pan X, Li G, Hu Y, et al. Effects of diet and exercise in preventing niddm in people with impaired glucose tolerance? the da qing igt and diabetes study [J]. Diabetes Care, 1997, 20 (4): 537-544.

[3] Li G, Zhang P, Wang J, et al. The long-term effect of lifestyle interventions to prevent diabetes in the China Da Qing Diabetes Prevention Study: a 20-year follow-up study [J]. The Lancet, 2008, 371 (9626): 1783-1789.

[4] Li G, Zhang P, Wang J, et al. Cardiovascular mortality, all-cause mortality, and diabetes incidence after lifestyle intervention for people with impaired glucose tolerance in the Da Qing Diabetes Prevention Study: a 23-year follow-up study [J]. The Lancet Diabetes & Endocrinology, 2014, 2 (6): 474-480.

[5] Gong Q, Gregg E W, Wang J, et al. Long-term effects of a randomised trial of a 6-year lifestyle intervention in impaired glucose tolerance on diabetes-related microvascular complications: the China Da Qing Diabetes Prevention Outcome Study [J]. Diabetologia, 2011, 54 (2): 300-307.

[6] Gong Q, Zhang P, Wang J, et al. Morbidity and mortality after lifestyle intervention for people with impaired glucose tolerance: 30-year results of

the Da Qing Diabetes Prevention Outcome Study [J]. The lancet Diabetes & endocrinology, 2019, 7 (6): 452 – 461.

(徐　琳)

第二十一章 流行性感冒

第一节 课程思政教学设计

一、案例教学适用范围

本案例适用于本科生和研究生"流行病学"等课程中流行性感冒相关章节的教学。

二、课程教学目标

1. 知识目标
(1) 掌握流行性感冒的流行过程、流行特征、预防策略和措施。
(2) 熟悉流行性感冒病毒的病原学和两种重要的流感,即甲型流感和乙型流感。

2. 能力目标
(1) 通过案例讨论,让学生掌握流行性感冒的流行过程和流行特征。
(2) 通过案例讨论,让学生根据流行性感冒的特点,选择预防控制措施,控制疫情暴发。

3. 价值目标
(1) 通过小组案例讨论的教学活动,增强学生的学习主动性、成就感和自信心,培养学生的团队协作能力。
(2) 通过案例教学,让学生了解流行病学在控制疫情暴发中的重要作用,了解监测与预防在应对流感大流行中的重要意义,培养学生的爱国情怀和社会责任感。

三、教学方法

本章课程将广泛采用启发、讨论、教师讲授和案例讨论等多种方式进行教学。教师提出讨论问题，将课程教学的知识目标、能力目标和价值目标融入案例讨论。

第二节　课程思政案例及分析

一、世界卫生组织应对流感的行动："人类命运共同体"理念的体现

（一）案例内容

流行性感冒（简称流感），是由流感病毒引起的常见急性呼吸道传染病。流感病毒的病毒颗粒最外层结构上有两种表面抗原，分别为血凝素（hemagglutinin，HA）抗原和神经氨酸酶（neuraminidase，NA）抗原。甲型流感病毒的抗原变异性最强，根据其 HA 和 NA 抗原结构及基因特性不同可分为若干亚型，HA 有 16 个亚型（H1～H16），NA 有 9 个亚型（N1～N9）。流感病毒抗原的变异，会影响流感的流行。

1947 年，世界卫生组织临时委员会同意启动全球流感计划（Global Influenza Programme，GIP），进行全球参与的流感监测、研究和控制工作（如图 21-1 所示）。1948 年，临时委员会在伦敦国家医学研究所设立了第一个世界流感中心，总共召集了 38 个区域中心（后称为国家流感中心）参与这项工作。其中，观察员是指被邀请参与全球流感计划的国家或地区的代表，他们可能来自没有设立区域中心的国家或地区，但仍对流感的监测和研究感兴趣并有相关的能力和资源。区域中心则是指各个国家或地区指定的机构，负责在特定区域内执行流感监测和研究任务。每个国家或地区可以设立一个或多个区域中心，以便更全面地了解该区域的流感情况。这些中心开展了一系列工作来制定计划、整理和共享病毒信息。

GIP成立五年后，全球流感监测网络（Global Influenza Surveillance Network，GISN）成立，该网络的成立是为了建立流感监测系统，为疾病预防和控制方法提供信息。GISN后来更名为全球流感监测和响应系统（Global Influenza Surveillance and Response System，GISRS）。

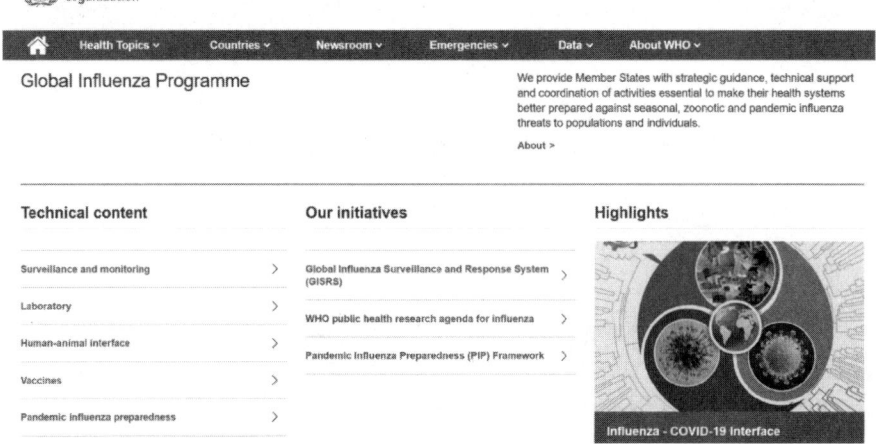

图21-1　世界卫生组织的全球流感计划官网页面

自1952年以来，全球流感监测一直通过全球流感监测和响应系统进行。全球流感监测和响应系统目前由124个世界卫生组织会员国的流感监测机构组成，每年检测超过200万份呼吸道样本。这个由占世界人口91%的114个国家的约150个实验室组成的网络，密切监测着流感病毒的传播和演变。

全球流感计划为流感监测提供了一个全球的标准。此外，其收集并分析来自世界各地的流感病毒学和流行病学监测数据。各国定期共享的流感监测数据使得世界卫生组织能够：

（1）向各个国家、地区提供有关世界其他地区流感传播的信息，使决策者能够更好地应对可能到来的流感流行。

（2）描述流感流行病学的关键特征，包括传播特征、易感人群等。

（3）监测全球的流感流行趋势。

（4）为选择当年生产的疫苗毒株提供依据。

1973年以来，全球流感监测和应对系统一直在确定流感疫苗毒株中起着非常重要的作用。全球流感监测和应对系统的国家流感中心（National Influenza Centres，NICs）在国家层面进行病毒学监测，有代表性的标本和病毒分离物会被送至世界卫生组织合作中心（Collaborating Centres，CCs）进行进一步研究。合作中心和基本监管实验室（Essential Regulatory Laboratories，ERLs）使用接种者的血清进行血清学研究，以确定当前疫苗产生的抗体水平是否能够对当前流行的流感病毒产生足够反应。世界卫生组织每年两次（2月和9月）与世界卫生组织合作中心、基本监管实验室和其他合作伙伴的专家进行磋商，审查全球流感监测和应对系统数据，并就北半球或南半球下一个流感季节的流感疫苗成分提出建议（如图21-2所示）。

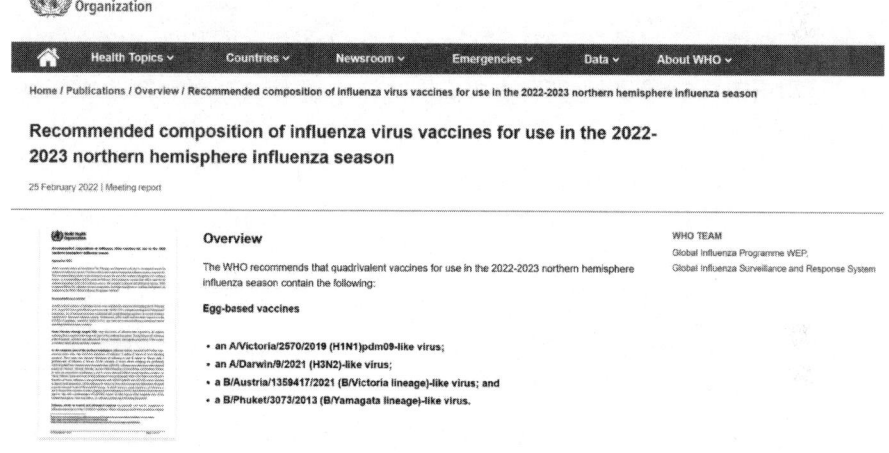

图21-2　2022—2023年北半球流感季节的流感病毒疫苗推荐成分

（二）案例分析

人类只有一个地球，各国共处一个世界。在流感乃至所有传染病的防控中，各国无法将自己与其他国家或地区完全分隔。只有全人类共同协作、团结起来，才能应对各种全球性的风险与挑战。2012年，党的十八大明确提出："要倡导人类命运共同体意识，在追求本国利益时兼顾他国合理关切。"以世界卫生组织在防控流感上采取的行动为案例，与学生讨论"人类命运共同体"理念在疫情防控中的体现，培养学生的家国情怀和社会责任感。

二、阻击病毒的"流感侦探"陈化兰院士：为全球流感疫情防控贡献中国智慧

（一）案例内容

1999年，陈化兰以博士后身份前往美国疾病控制中心的流感分中心进行禽流感合作研究，在美国疾病控制中心工作的3年时间里，她展现了卓越的才华。交流结束时，对方盛情挽留，但是她坚决地踏上了归国的路程。回国后，她立即投入到禽流感研究中。

在陈化兰的主持下，国家禽流感参考实验室系统性地开展了我国禽流感的流行病学监测和研究工作，取得了一系列重大进展和创新性研究成果，初步阐明了禽流感病毒的分子遗传学、抗原变异、致病性和进化规律，为疫情的预警预报、防控策略、诊断试剂和疫苗的研制和使用提供了全面的科学依据。在禽流感防控过程中，陈化兰团队对来自全国各地的大量样本进行了快速、准确的诊断，为及时有效控制疫情发挥关键作用，也为控制禽流感疫情做出重大贡献。

此外，陈化兰领导国家禽流感参考实验室在动物流感特别是动物禽流感的流行病学、诊断技术、新疫苗研制、分子进化和分子致病机制等方面也取得了一系列重大进展和创新性研究成果，并成功研制出H5亚型灭活禽流感疫苗及世界首个"禽流感、新城疫重组二联活疫苗"，代表了我国禽流感疫苗开发的国际先进水平。疫苗的推广应用，极大提高了我国乃至全球的禽流感防控能力，具有非常重要的社会意义和公共卫生意义。

Science杂志评选的2013年全球十大科学人物中，我国的禽流感病毒学家陈化兰因"帮助中国平息了H7N9疫情的暴发"而上榜（如图21-3所示）。2013年4月初，我国上海和邻近的几个省份均报告了人感染H7N9禽流感病毒病例。这是H7N9病毒首次被发现。陈化兰作为中国国家禽流感参考实验室主任，与其团队一起立即投入疫情防控第一线，专注于H7N9病毒并努力寻找其从鸟类或其他动物传播给人类的途径。在首例人感染H7N9禽流感病毒病例确诊后不到48小时，陈化兰团队和上海市动物疫病预防控制中心的研究人员一起，收集了约1000个来自上海和安

徽的土壤、水源、家禽养殖场、活禽市场的样本。陈化兰团队发现，在我国引起人类感染的新型H7N9流感病毒与同期活禽市场上存在的H7N9禽流感病毒高度同源，揭示了新型H7N9病毒的源头，为我国科学防控H7N9禽流感提供重要依据。

365 days: *Nature*'s 10

HUALAN CHEN: Front-line flu sleuth

A virologist helped China to quell an outbreak of H7N9 avian flu in humans. **By Declan Butler**

Credit: Harbin Veterinary Res. Inst.

图 21-3　陈化兰入选 *Science* 杂志 2013 年全球十大科学人物

中国农业科学院在《2019中国农业科学重大进展》中发布了2018年十项能够充分代表当年中国农业科技前沿研究水平、取得重大突破性进展的基础科学研究成果，其中就包括由中国农科院哈尔滨兽医研究所陈化兰院士团队主导的"H7N9高致病性禽流感病毒的快速进化及其成功防控"。该研究通过对家禽禽流感病毒进行大规模监测，对H7N9病毒进行系统性的研究，成功研发出了H5和H7二价禽流感病毒灭活疫苗。应用后的监测结果显示，该疫苗不但有效阻断了H7N9病毒在禽类中的传播，在阻断人类感染H7N9病毒方面也取得了立竿见影的效果，为从动物源头控制人畜共患传染病提供了重要启示。

（二）案例分析

疫情无国界，许多中国科学家为全球性的流行防控贡献了中国智慧。以陈化兰院士的经历和成就为例，让学生认识到科学家们的责任感和科学精神，激发学生热爱科学的精神。党的二十大报告强调："培育创新文化，弘扬科学家精神，涵养优良学风，营造创新氛围。"通过案例，让学生感受中国科学家们用研究成果向世界展示了中国的科学力量，增强学生的民族自信，激励学生成为德才兼备、有担当、能承担责任、心怀他人、报效国家、服务社会的人。

（三）课堂讨论

1. 简述流感的流行过程

（1）传染源。病人和隐性感染者：流感病人是主要的传染源。多数既往健康的成年人感染流感病毒后，在出现症状的前1天至病后5～7天可排出流感病毒，具有传染性。而少数病人，尤其是婴幼儿和免疫力低下人群，传染期可维持更长时间。轻症病人和隐性感染者虽然排毒量小、时间短，但因其活动范围大，作为传染源的作用不容忽视。

动物传染源：某些禽流感病毒已跨越物种屏障引起人类感染。

（2）传播途径。主要经飞沫传播，流感病毒由传染源通过咳嗽、喷嚏、谈话排出的呼吸道分泌物散布于空气中，飞沫可落至周围人群的口腔、鼻腔或眼睛引起感染，其传染性可保持30分钟；也可通过接触被污染的物品后触摸口腔、鼻腔或眼睛获得感染。

（3）易感人群。人对流感病毒普遍易感，男女之间易感性没有差别。各型流感病毒之间无交叉免疫，不同亚型间仅有部分交叉免疫。新生儿因免疫功能尚未健全，加之母体通过胎盘传给新生儿的抗体较少，因此新生儿的易感性高，感染后症状重，病死率高。老年人由于经历过各种亚型病毒的多次攻击，可能存在不同亚型间部分交叉免疫，但有慢性疾病的老年人感染后往往病情加重，甚至死亡。

2. 简述流感监测的目的

（1）掌握疫情动态、流行规律，及早发现疫情。

（2）掌握流感病毒的分布和变异情况。

（3）掌握人群免疫水平的变化情况。

（4）评价疫苗效果。

（5）为流感流行趋势的预测、预警和制定防制措施提供科学依据。

（6）不断筛选新的疫苗代表株。

参考文献

［1］詹思延. 流行病学［M］. 8 版. 北京：人民卫生出版社，2017.

［2］甘肃农业大学. 陈化兰：禽流感的克星［Z］. 2017.

［3］央广网.《2019 中国农业科学重大进展》发布［Z］. 2019.

［4］Monto A S. Reflections on The Global Influenza Surveillance and Response System（GISRS）at 65 years：an expanding framework for influenza detection，prevention and control［J］. Influenza Other Respir Viruses，2018，12（1）：10 - 2.

［5］WHO. Global Influenza Programme - Vaccines［Z］. 2023.

［6］365 days：Nature's 10［J］. Nature，2013，504（7480）：357 - 365.

［7］Shi J，Deng G，Liu P，et al. Isolation and characterization of H7N9 viruses from live poultry markets — implication of the source of current H7N9 infection in humans［J］. Chinese Science Bulletin，2013，58（16）：1857 - 63.

（杨　音）

第二十二章　病毒性肝炎

第一节　课程思政教学设计

一、案例教学适用范围

本案例适用于本科生和研究生"流行病学""流行病学应用"等课程中病毒性肝炎相关章节的教学。

二、课程教学目标

1．**知识目标**
（1）掌握病毒性肝炎的流行过程和特征。
（2）掌握病毒性肝炎的预防策略和措施。
（3）熟悉病毒性肝炎的病原学诊断。
（4）了解病毒性肝炎的临床特征和治疗手段。
2．**能力目标**
（1）通过案例讨论，让学生掌握各型病毒性肝炎的传染源、传播途径、易感人群、地区分布、时间分布和人群分布。
（2）通过案例讨论，让学生掌握各型病毒性肝炎的预防策略和措施。
3．**价值目标**
（1）通过小组讨论病毒性肝炎案例的教学活动，增强学生的学习主动性、成就感和自信心，培养学生的团队协作能力。
（2）通过案例教学，让学生了解病毒性肝炎的既往流行事件和流行病学现状，激发其创新精神，培养其爱国情怀和社会责任感。

三、教学方法

本章课程适宜采用翻转课堂教学法，可充分结合教师讲授、学生讲课、小组案例讨论等授课形式。教师提出讨论问题，将课程教学的知识目标、能力目标和价值目标融入案例讨论。

第二节　课程思政案例及分析

一、上海甲型肝炎疫情

（一）案例内容

甲型肝炎，是由甲型肝炎病毒（hepatitis A virus，HAV）引起的以肝实质细胞炎性损伤为主的急性传染病。临床上表现为急性起病，可有畏寒、发热、食欲减退、恶心、疲乏、肝肿大和肝功能异常等症状，部分病例可出现黄疸。无症状感染病例较常见，通常不转为慢性和病原携带状态。甲肝传染源通常是急性患者和亚临床感染者，主要通过粪－口途径进行传播。甲肝的发生与环境和个人卫生状况紧密相关。

1988年1月，大规模甲肝传染病疫情在上海暴发，食用不洁毛蚶是此次甲肝疫情的导火索。毛蚶是上海人喜爱食用的水产品。疫情暴发前，来自江苏启东的毛蚶大量涌入上海市场。这些毛蚶受到粪便的严重污染。元旦刚过，上海多家医疗机构接诊了许多出现发热、腹痛、上吐下泻症状的病人。起初，医生对此的诊断是细菌性食物中毒，直到1月中旬，上海市卫生局才确定此次疫情是由甲肝引起。

此次甲肝疫情暴露出许多公共卫生问题，包括卫生条件差、市民的卫生意识淡薄、医疗系统不健全等。为进行甲肝防治，社会各界积极采取了各种有效措施。上海市相关政府部门马上决定在全上海市范围内禁止食用或销售毛蚶，相关卫生部门开展严格的食品卫生执法检查，查处和整顿不符合卫生要求的饮食店铺。一旦查获毛蚶，全部没收并立马进行消毒处理。卫生部门、文化宣传部门、各级宣教机构等组织密切配合，在全市范围内开展多层次、多渠道、广泛深入的环境和个人卫生宣传教育，向市民普及公共卫生知识，提高市民的卫生意识和自我保健能力。通过各种措施的实施，疫情得到了控制，病例逐渐减少。此次上海市的甲肝疫情是对我国公共卫生安全的一次挑战。这次事件对我国改善环境公共卫生条件、增强应对公共卫生突发事件的能力、科学构建现代公共卫生安全体系等方面都具有积极的影响。

（二）案例分析

上海大规模甲肝疫情暴露出许多公共卫生问题，让大家认识到一种传染病的流行可涉及卫生、环保、食品、商业等多个领域。此次疫情，促进了我国公共卫生事业的发展，充分体现了健康至上、人民为先的精神。党的二十大中也提到了"一切为了人民健康"的理念精神。党的二十大首次把"完善人民健康促进政策"写入党的代表大会报告，并提出要把保障人民健康放在优先发展的战略位置，完善人民健康促进政策。会议要求，要坚持健康优先，建立一套支持健康优先发展的制度和政策体系，包括推动健康融入所有政策、建立健康影响评价评估制度等，加快形成有利于健康的生活方式、生产方式、经济社会发展模式和治理模式，使健康成为经济社会可持续发展的强大动力。

二、"甲肝克星"毛江森院士

（一）案例内容

毛江森先生是我国著名的医学病毒学专家和中国科学院院士。他殚精竭虑 12 年，带领研究组埋头研究 HAV 和研制 HAV 减毒活疫苗，为人类克服甲肝做出了突出贡献。

1978 年，毛江森开始开展 HAV 的相关研究。1988 年，上海市发生了迄今为止全球规模最大的甲肝暴发流行。甲肝的暴发流行，引起了市民的恐慌。此次上海甲肝疫情，坚定了毛江森先生带领研究组研究 HAV 和研制 HAV 疫苗的信念和决心。由于 HAV 是通过粪-口途径传播，毛江森研究组为了进行病毒研究，需要收集病人的粪便和血清。他们到甲肝患者的住所和医院收集粪便和血清样本，历时3个月，共收集501份珍贵的样本，用以病毒分离和致病机制研究。毛江森研究组废寝忘食，沥尽心血，利用先进的电子显微镜和放射免疫等方法，成功分离出HAV并建立了我国的HAV病毒株，明确了HAV的致病机制和免疫时序，推动了HAV的研究向前迈进一大步。经过多年的潜心研究，毛江森研究组取得了多项重大研究成果。毛江森研究组利用恒河猴和红面猴建立动物模型，证明HAV存在隐性感染。随着研究的深入，毛江森研究组发现HAV在组织培养细胞内存在增殖现象，并测定了HAV的基因序列。这些重大的研究成果为后续培养出稳定、安全、免疫效果佳的HAV减毒株（H2株）和研制安全有效的HAV减毒活疫苗奠定了基础。

1991年，毛江森研究组在全球范围内首次成功研制了HAV减毒活疫苗。临床试验结果表明，该疫苗的安全性和有效性良好，只需注射一针即可产生持久的免疫效果。1992年，卫生部批准对甲肝疫苗进行批量生产并在全国范围内推广使用，使我国甲肝的发病率以年均20%的速度下降。甲肝疫苗的全面普及使得我国甲肝的流行得到切实有效的控制。甲肝疫苗被收入《中华人民共和国重大科技发明成果选集》，同时获得国家专利局颁发的专利证书。甲肝疫苗的研制大大减少了甲肝在我国乃至全球范围内的传播。毛江森先生为控制甲肝流行做出了杰出贡献，也由此成为当之无愧的"甲肝克星"。

（二）案例分析

甲型肝炎是世界上常见的传染病之一。为了控制甲肝疫情，毛江森院士带领研究组潜心研究12年，成功研制出甲肝疫苗，为我国乃至全球的甲肝预防与控制做出巨大贡献。毛江森院士在研究甲肝的过程中，秉持科学求真的研究态度、勇攀高峰的创新精神、严谨治学的求实精神，同时心系人民、服务人民，这种精神和社会责任感值得我们学习。党的二十大提出，站位高远、求真务实，是新时代新征程中党和国家各项事业发展的政治宣言、奋斗纲领、行动指南。毛江森院士这种高瞻远瞩、严谨务实的科研态度，正是党的二十大精神的完美体现。

三、我国乙肝控制的措施与政策

(一) 案例内容

乙型肝炎（hepatitis B 以下简称"乙肝"），是由感染乙型肝炎病毒（hepatitis B virus，HBV）引起的一种死亡率较高的传染性疾病，目前仍是全球关注的公共卫生问题之一。我国为减少乙肝带来的疾病负担，制定了一系列政策和控制措施。

为预防和控制我国乙肝的发生与流行，乙肝于1995年被正式列入乙类传染病进行报告，于2005年在全国法定传染病报告系统中作急性、慢性、非分类肝炎报告。2013年，中国疾病预防控制中心在全国31个省（自治区、直辖市）和新疆生产建设兵团建立200个乙肝试点县，进行数据收集，以加强对乙肝的传染病监测和对乙肝病例的报告规范。为评价乙肝监测报告质量，研究人员基于监测试点数据，开展附卡的有效填写率计算、报告病例疾病分类复核等工作，并进行发病情况估算、病例特征分析、监测试点实施效果评价。该监测为进一步规范乙肝病例报告质量、提高分类准确性、了解全国乙肝发生发展现状以及相应措施的制定提供了可靠依据。

切断主要传播途径（包括血液传播、母婴传播、性传播和日常生活接触等）是遏制乙肝扩散的重要方法。接受含有HBV的血液或血制品，曾是引起乙肝的主要原因之一。随着1996年12月30日国务院颁布并实施《血液制品管理条例》和一次性医疗用品的应用和普及，血液制品的卫生质量水平进一步提升，经血液制品引起的HBV感染已较少发生。拥有HBV高病毒载量的孕妇，可通过宫内传播和血液、乳汁、唾液传播等方式导致婴儿感染HBV。针对HBV感染孕妇的免疫阻断，是降低胎儿感染HBV的重要方式。中华医学会围产医学分会和中华医学会妇产科学分会产科学组共同发布了《乙型肝炎病毒母婴传播预防临床指南（2020）》，提出孕妇产前需筛查乙肝血清学指标，HBV DNA高于限定值或HBVeAg阳性孕妇，妊娠期间须服用抗病毒药物进行免疫阻断，不推荐以减少HBV母婴传播为目的的剖宫产术等建议。中国肝炎防治基金会发布的《阻断乙型肝炎病毒母婴传播临床管理流程（2021）》，为完善临床管理提供了依据。

人群对 HBV 普遍易感。因此,保护易感人群,降低人群 HBV 感染率,是控制疾病传播的关键环节之一。免疫规划,是降低人群感染力的重要环节。该举措在我国的实行,呈现显著的健康效益。1992 年,我国将乙肝疫苗纳入新生儿计划免疫范畴;2002 年,我国正式施行新生儿乙肝疫苗免费接种。近年来,我国新生儿的乙肝疫苗接种率已超过 95%。另外,针对医护人员、血液制品接触者、免疫功能低下者等乙肝感染高危人群,各地也积极采取相应免疫规划和免疫效果分析。同时,加大流动人口聚集地、中西部地区和边远农村乙肝疫苗投入,在各省市(自治区、直辖市)积极开展相应民心工程以控制乙肝流行。在采取各种措施对乙肝流行进行严格控制的过程中,国家和政府给予了强有力的财政支持。

在举全国之力控制乙肝流行的几十年中,在巨大的财政、医疗投入的支持下,在相应法律法规的管控以及政策指南的指引下,乙肝的流行态势在我国得到基本控制。然而,由于乙肝隐匿的病情、我国庞大的国民总数和日益增长的期望寿命,短时间内实现乙肝携带率和患病率明显降低仍是一个艰难的任务。纵观我国目前对抗乙肝取得的成效,可以发现,乙肝等传染性疾病反映的不仅是一个医学问题,更是关乎人类发展的社会问题,而针对这两种问题,我国给予了最好的应对和解答。首先,采取针对性的应对策略,国家投入科研经费鼓励医学界完善 HBV 诊断标准,探索提升乙肝患者治疗和生存质量的诊疗方法;对乙肝疾病开展全国试点监测,对疾病实行严格的报告与管理制度,分析乙肝流行现状,为进一步的预防与控制提供依据。其次,树立健康大局观念,注重乙肝的预防,颁布法律法规完善血液制品管理;提高孕妇产前乙肝筛查率,对 HBV 感染孕妇实行规范化管理;对全国新生儿实行免费乙肝疫苗接种免疫规划;鼓励各省市政府相关部门积极开展易感人群免疫接种等民生工程项目。

(二) 案例分析

以我国积极控制乙肝的历程为案例,围绕传染病控制的三个重要手段(控制传染源、切断传播途径和保护易感人群)设置案例讨论题目。通过案例讨论,让学生了解我国为控制乙肝所做出的针对性措施。通过案例讨论前后对学生展示案例背景信息,让学生体会我国举全国之力控制乙肝的决心,培养其爱国情怀和社会责任感。我国控制乙肝的措施,充分体现了党的二十大提出的坚持预防为主、加强重大慢性病健康管理、提高基层防病治病和健康管理能力的理念。

(三) 课堂讨论

1. 试述甲肝的传播途径

甲肝主要经粪-口途径传播，常见的传播途径有：经食物传播、经水传播和日常生活接触传播。

(1) 经食物传播：最常见的是食用受污染的贝类水产品，如蛤类、牡蛎、毛蚶、泥蚶和蟹等。毛蚶等贝壳类动物不仅可以把污水中的 HAV 浓缩 5~15 倍，而且可将其长期蓄积于体内。食用前仅用开水冲烫毛蚶并不能杀死其中的 HAV，而生食毛蚶更易感染甲肝。1988 年上海暴发甲肝疫情。通过病原学、血清学、流行病学的全面调查，证明这起甲肝流行是由于生食被 HAV 污染的毛蚶引起。此外，生吃被 HAV 污染的蔬菜水果（如莴苣、草莓）、凉拌食品（如沙拉），感染 HAV 的炊事员或其他饮食行业工作人员在采集、制作及销售过程中污染了食物，也可引起甲肝暴发或散发。

(2) 经水传播：在发展中国家或卫生条件差的地区，经水传播是甲肝呈地方性流行的重要原因。在粪便和水源管理较差的地方，尤其在雨季或暴雨后，雨水冲刷粪便污染水源，易发生甲肝经水传播。2013 年 10 月中旬，云南省某中学自备水井在大雨后被旱厕污染造成甲肝暴发，100 余名学生感染。

(3) 日常生活接触传播：主要是通过污染的手、食品、玩具等，直接或间接经口传人。学校、托幼机构、工厂和部队等集体单位以及家庭常发生这种传播，特别是在卫生条件差、居住拥挤的地方，粪便管理不当时更易通过此种途径传播。由日常生活接触引起的甲肝多为散发，但若不及时采取防疫措施，易发生续发病例，也可引起暴发或流行。

(4) 其他途径：HAV 偶可通过输血与血制品传播，主要是在甲肝潜伏期末和发病初期出现甲肝病毒血症时，才有可能经此途径传播。美国、欧洲和日本等国家有报道，在男男同性性行为者和静脉药瘾者中也可见甲肝传播。

2. 试述 HBV 血清学标志物的临床意义

乙肝的特异性诊断主要依靠 HBV 血清学检测，其血清学标志物主要包括 HBsAg、抗-HBs、HBeAg、抗-HBe、抗-HBc IgG、抗-HBe IgM 和 HBV DNA 等。HBsAg 可于 HBV 感染后 1~2 周检出，是机体感染后最早出现的血清学标志之一。成人急性感染一般可持续 6 周，慢性携带者和病人可持续多年，甚至终生，是现症感染的标志。抗-HBs 是 HBsAg 相应的抗体，为 HBV 感染恢复或接种乙肝疫苗后产生的中和抗体，是保护性免疫指标。HBeAg 阳性主要见于 HBsAg 阳性的乙肝病人和无症状 HBsAg 携带者，其中大多数伴 HBV DNA 阳性，提示有较强的传染性。抗-HBe 阳转后大多病毒复制低下，传染性降低，但有时也可检出 HBV DNA，表明仍具有传染性。抗-HBc 也不是保护性抗体，而是反映 HBV 感染的重要指标。抗-HBe IgM 在 HBV 感染早期出现，是急性期或慢性乙肝急性发作的重要标志。抗-HBe IgG 在抗-HBc IgM 下降及消失后出现，可在血清中长期存在，主要见于慢性感染和既往感染。HBV DNA 是 HBV 复制和具有传染性的直接标志，HBV DNA 定量检测对于确定 HBV 感染者的病毒复制水平具有重要的意义。通过了解体内 HBV 复制情况，可判断乙肝病人和慢性携带者的传染性大小。

3. 试述乙肝的传染源、传播途径和易感人群

（1）传染源：主要是急性、慢性乙肝病人（包括不同类别慢性乙型肝炎、肝硬化和肝癌病人）和无症状病毒携带者。

（2）传播途径：经血传播、母婴传播、性接触传播和日常生活接触传播。

（3）易感人群：人对 HBV 普遍易感。HBV 高危人群包括 HBV 感染者的性伴侣及家人、HBsAg 阳性母亲的胎儿和婴儿、经常接触血液的医务人员、受血者、器官移植者、血液透析者、免疫能力低下者、HIV 感染者等。

4. 试述应如何进行乙肝的传染源管理

（1）发现、报告和管理：各级医疗卫生人员应依照《中华人民共和国传染病防治法》，对发现的各类病毒性肝炎病人立即登记并上报至疾病预防控制中心。

（2）隔离和消毒：对急性期和慢性活动期病人应进行适当的隔离，并对传染源可能污染的物品和环境进行必要的消毒。

（3）特异性药物治疗：对具有适应证的乙肝病人和 HBsAg 携带者进行积极的抗病毒药物治疗，抑制传染源体内病毒的复制，从而可有效减少其作为传染源的作用。

（4）管理：对慢性 HBV 感染者及非活动性 HBsAg 携带者，不能捐献血液、组织器官和从事国家明文规定的职业和工种。

参考文献

［1］王赶生. 用大医精诚诠释生命意义的院士：记中国科学院院士、著名医学病毒专家毛江森［J］. 今日科苑，2012（8）：15－16.

［2］缪宁，王富珍，郑徽，等. 中国 2013—2020 年乙型肝炎发病情况估算和病例特征分析［J］. 中华流行病学杂志，2021，42（9）：1527－1531.

［3］孟彤彤，缪宁，王富珍，等. 中国 2019 年乙型肝炎监测试点报告病例分析［J］. 中华流行病学杂志，2021，42（9）：1532－1536.

［4］中华医学会妇产科学分会产科组，中华医学会围产学分会. 乙型肝炎病毒母婴传播预防临床指南（2020）［J］. 临床肝胆病杂志，2020，36（7）：1474－1481.

［5］中国肝炎防治基金会，中华医学会感染病学分会，中华医学会肝病学分会. 阻断乙型肝炎病毒母婴传播临床管理流程（2021 年）［J］. 中华肝脏病杂志，2021，37（3）：527－531.

［6］崔健，曹雷，郑景山，等. 中国 2015 年国家免疫规划疫苗报告接种率分析［J］. 中国疫苗和免疫，2017，23（6）：601－607.

［7］欧湘燕，谢翠婷. 130 例成人乙肝疫苗免疫无应答者再次接种免疫效果分析［J］. 国际医药卫生导报，2005，11（16）：104－105.

（刘跃伟）

第二十三章 感染性腹泻

第一节 课程思政教学设计

一、案例教学使用范围

本案例适用于本科生和研究生"流行病学"等课程中感染性腹泻相关章节的教学。

二、课程教学目标

1. 知识目标
(1) 掌握感染性腹泻的概念。
(2) 掌握感染性腹泻的传染源、传播途径和易感人群。
(3) 了解感染性腹泻的防治方法。

2. 能力目标
(1) 通过案例讨论，让学生对感染性腹泻的情况和防治有基本了解。
(2) 通过案例讨论，让学生自主学习感染性腹泻防治相关内容并应用到日常生活中。

3. 价值目标
(1) 通过向学生介绍感染性腹泻疾病病因的发现历史和科学家的经典事迹，引导学生认识到流行病学调查是预防医学的重要手段，辩证性思维是科学探索的必要前提。
(2) 通过优秀论文和案例教学，引导学生思考当前感染性腹泻的疾病负担情况，使学生树立以人民为中心的发展思想、以专业知识解决人民群众健康相关问题的意识和觉悟。

三、教学方法

首先,介绍感染性腹泻的概念,讲解感染性腹泻的传染源、传播途径和易感人群。其次,引入第一个思政案例,结合教材知识介绍 John Snow 发现霍乱传播模式的事迹,提出思政分析:流行病学调查是预防医学的重要手段,辩证性思维是科学探索的必要前提。最后,介绍贺氏菌生物结合疫苗相关发展,引入第二个思政案例,通过文献精读和交流讨论的方式提出思政分析,进行小组讨论和班级交流。

第二节 课程思政案例及分析

一、霍乱时期的流行病学调查

(一)案例内容

自新冠疫情发生以来,流行病学家们结合现代科学技术展开闪电追踪、全面溯源,许多新冠确诊病例的感染途径被相继披露,"流行病学调查"(简称"流调")这个颇为专业的术语也开始广为人知。其实,在一百多年前那个科技并不发达的年代,流行病学家在对抗霍乱时就曾告诉我们流调为何如此重要。

19世纪的英国曾出现4次霍乱流行,其因传播速度快、死亡率高,被称为"19世纪的世界病"。霍乱流行初期,医生将这种病笼统地称为"夏季腹泻病"。关于这种极端致命又神秘的疾病究竟是如何传播的,学者众说纷纭。其中,"瘴气理论"得到学术界的普遍认同。他们认为,霍乱和黑死病均通过"毒空气"传播,人一旦吸入这种有毒的气体就会感染患病。当大多数学者对瘴气论的正确性胸有成竹时,英国内科医生约翰·斯诺(John Snow)另辟蹊径,通过流调,找到了霍乱传播的真正原因。

1931年，英国霍乱疫情严峻。斯诺一边给感染病人治疗，一边详细记录症状，发现了种种与"瘴气论"相悖的现象。比如，大部分患者的首发症状是消化系统而并不是肺部；同一街区呼吸同样空气的居民也并非全都发病，而且在没有瘴气（下水道和沼泽等）传播的矿井中仍有病例不断出现。结合 Edwin Chadwic 出版的《英国劳动人口卫生状况调查报告》对伦敦东区霍乱发生时期卫生环境的描述，如"地窖里尿液、排泄物和发霉的物品混杂在一起发出的恶臭令人难以忍受，居民的用水在如此脏乱又令人作呕的环境中难以得到保障""很明显存在的问题源自下水道、城市清理、洁净水等方面的不足"，斯诺推测：脏乱的环境促进毒素传播，进而污染当地水源，毒素在人们进食饮水时进入体内，引起霍乱暴发。

1845年，霍乱席卷伦敦 Soho 社区宽街，斯诺冒着被感染的风险开始调查水源与霍乱的关系，他从宽街主要的供水源抽取水样进行观测，发现水里有米粒状的颗粒，化验后发现是霍乱患者的排泄物。随后，他发现水井附近的居民相继染上霍乱，短短4天内，出现344个死亡病例。1848年，斯诺从首例死亡病例的行踪轨迹开始追踪，不断扩充病例以确定霍乱的传播方式。1849年，他将自己的调查结果写成论文《论霍乱的传播模式》发表。

1854年，霍乱再次袭击伦敦。为进一步提高结果的说服力，斯诺从 William Farr 关于死亡率分析中得到启发，开始尝试用统计学方法分析调查数据。他找到两家自来水公司：一是从泰晤士河上游取水的兰贝斯水公司（未受污染），另一个是从下游取水的萨瑟克－沃克斯霍尔水公司（受居民生活污水污染）。在亲自走访收集资料后，斯诺发现，萨瑟克－沃克斯霍尔水公司消费者患病死亡率是兰贝斯水公司的14倍。为了让数据更加直观，斯诺借鉴 Edmund Cooper 为大都会下水道委员会绘制的流行图，将污染水源的可能来源（即13个公共水井）及区域内所有死亡病例（578名）的具体位置标记在地图上，并将水井的位置与暴发霍乱家庭的地址进行对比。他发现，霍乱案例暴发居然是围绕水井或水泵为中心。共用一个水井或使用同一个水泵抽水的家庭，要么都感染了霍乱，要么都没有感染。由此，他绘制出经典的霍乱死亡地图，最终确定了宽街和坎布里格街的一口公共水泵就是此次疫情的源头（因为其周围聚集了大部分死亡病例标记）。

与七次全球霍乱大流行相比，伦敦宽街霍乱暴发事件的规模并不算大，但却是人类与霍乱斗争历史中一个重要的里程碑。正是因为在人们还不了解细菌治病的理论，也没有检验微生物的医学仪器的时代背景下，斯诺敢于对主流学说打一个问号，在疫情暴发调查中创新性使用了对比分析，使现场调查在医学研究中具有独特的意义。"霍乱流行图"的绘制，也使标点地图法成为空间流行病学中一项重要的研究方法，斯诺因此被誉为"流行病学之父"。

（二）案例分析

与霍乱一样，正在经历的新冠疫情也在告诉我们，传染病的发生发展就像在与人类"捉迷藏"，而流行病学家的一部分工作就是解开谜团。厘清思路，现场调查，提出假说，加以检验，最终侦破迷局，也是流行病学的一种重要手段。虽然斯诺的研究并没有揭示霍乱的真面目，也没有发现霍乱弧菌，但他的研究方法体现了科学精神。当时，无论医学专业人士、政界，还是百姓，大多认为"瘴气"是霍乱传播的罪魁祸首。但是，科学是讲究证据的。当斯诺把标注着患病家庭和水井位置的地图发表在论文上时，即使是再坚定的"瘴气"论者也会思考水源污染的可能性。可见，流行病学调查是预防医学的重要手段，辩证性思维是科学探索的必要前提。秉持科学精神、科学态度，是不局限于科学技术发展水平的。

二、志贺氏菌生物结合疫苗的人体攻毒研究：临床效果与保护相关性分析

（一）案例内容

志贺氏菌感染人体可引起细菌性痢疾，主要临床表现为全身中毒症状、腹痛、腹泻、里急后重及黏液脓血便。细菌性痢疾，是重要的肠道传染病，在我国细菌感染病中居首位。尽管志贺氏菌疫苗的开发工作持续了近100年，但至今仍没有疫苗获得许可被大量应用。

The Lancet 旗下子刊之一 *EBioMedicine*，于2021年刊载论文"Human Challenge Study with A Shigella Bioconjugate Vaccine：Analyses of Clinical of Efficacy and Correlate of Protection"。该研究通过一项随机、双盲与安慰剂

对照试验，分析了生物结合疫苗 Flexyn2a 的临床效果与免疫保护相关性，发现 Flexyn2a 的免疫原性、耐受性良好，且在志贺氏菌攻击后可预防严重疾病，是一种很有潜力的志贺氏菌疫苗构建体。

该项试验在约翰霍普金斯大学彭博公共卫生学院免疫研究中心开展，得到了西方机构审查委员会的批准，所有受试者都提供了书面知情同意书。该研究从大西洋中部地区招募年龄 18～50 岁之间的健康男性和健康未孕女性作为志愿者，共筛选了 196 名潜在志愿者，最终招募了 67 名志愿者，并将他们随机分配至 Flexyn2a 组（试验组）与安慰剂组（对照组）。本次试验为双盲试验，仅将分组信息提供给分发疫苗的药房。

随机分组后，志愿者们分别在试验第 1 天与第 28 天接受 2 剂 Flexyn2a 疫苗或安慰剂，并在第二剂后 28 天用 S. flexneri 2a 进行攻毒试验。收集试验期间志愿者的症状以及粪便情况，并在每次接种前、接种后 7 天和 28 天以及攻击前和攻击后 3 天、7 天和 28 天收集静脉全血，使用 ELISA 测定特异性抗体 IgG 抗体滴度。

该试验的主要终点是攻毒后志贺菌病的发病率；次要终点包括中度至重度腹泻的受试者人数、更严重腹泻的人数、发热的发生率、中度至重度的肠道综合征、需要静脉输液和早期抗生素治疗的人数，以及体重和稀便次数。此外，该试验还评估了安全性和免疫原性终点。

结果显示，Flexyn2a 疫苗耐受性良好。试验中最常见的不良事件是头痛与注射部位疼痛。这两种不良事件，在两组中的发生率均无统计学差异。大多数（75.9%）的不良事件为轻度不良事件。该研究期间未发生严重不良事件，也没有受试者因不良事件而中止参与。

如表 23-1 所示，相对于实验组，对照组的志贺菌病发病率增加了 30.2%，而出现更严重志贺菌病的发生率则增加了 51.7%。Flexyn2a 保护疫苗接种者免受更严重的腹泻，并减少了早期抗生素治疗和静脉输液的需要。

表23-1　Flexyn2a疫苗对研究终点的效用

	Attack Rate N（%）		Vaccine Efficacy	
	Flexyn2a $N=30$	Placebo $N=29$	（%） （95% CI）	p-value
Shigellosis（primary definition）	13（43.3）	18（62.1）	30.2（-15 to 62.6）	0.11
More Severe Shigellosis（post-hoc definition）	8（27.6）	16（53.3）	51.7（5.3 to 77.9）	0.015
Secondary Endpoints				
More Severe diarrhea	2（6.7）	7（24.1）	72.4	0.065
Received Early Administration of Antibiotics	9（30.0）	18（62.1）	51.7（9 to 76.8）	0.0093
Received IV Fluids	7（23.3）	13（44.8）	47.9（-11.8 to 78.3）	0.053
Number of subjects with moderate-severe diarrhea	15（50.0）	17（58.6）	14.7	0.34
Number of subjects with diarrhea of any severity	17（56.7）	21（72.4）	21.7	0.16

Shigellosis：严重腹泻或中度腹泻伴发烧（口腔温度≥38°C）或一种或多种中度全身或肠道症状或痢疾；More Severe Shigellosis：在事后分析中定义为至少中度腹泻或痢疾，伴有发烧或严重的肠道症状；More Severe Diarrhea：24小时内有≥10 g或≥1000 g稀便。

以上结果表明，生物偶联物Flexyn2a候选疫苗是安全的，可以在受控人类感染模型中提供针对志贺氏菌病的部分保护。

（二）课堂讨论

（1）该研究采用了哪些方法减小偏倚，如何进一步改进？

该研究采用了随机、安慰剂对照、双盲的方法。随机：随机分组，提高两组之间的可比性，减少混杂偏倚。安慰剂对照：减少受试者心理作用对试验结果的影响。双盲：与安慰剂配合使用，规避了受试者以及研究者主观因素对试验结果的影响，控制信息偏倚。

该研究样本量有限；研究人群不能代表目标人群，如低收入和中等收入国家的儿童（志贺氏菌属主要流行于中低收入国家，在5岁以下儿童中引起中度至重度腹泻和痢疾）；单中心。改进方法包括增加样本量，将中低收入国家的儿童纳入研究，采用多中心的研究设计等。

（2）对于志贺菌及其他病原微生物引发的感染性腹泻应如何防治？

我国主要采取以切断传播途径为主导的综合性措施，同时加强群体预防和个体预防相结合、医学预防和社会预防相结合的措施。

第一，切断传播途径。①"三管一灭"：管理水源、粪便、饮食，消灭苍蝇；②注意个人卫生：饭前便后勤洗手；③改善饮食：提倡喝安全饮用水、使用清洁水，提高婴儿母乳喂养率。

第二，针对传染源的预防措施。①建立防治门诊；②开展疫情监测：人群检测、环境监测；③建立健全疾病监测系统和报告制度：五早一就（早发现、早诊断、早报告、早隔离、早治疗，就地卫生处理）。

第三，保护易感人群：疫苗预防、药物预防。

第四，其他措施：开展广泛的卫生宣传教育，普及卫生防病知识，动员全社会参与，提高自我保护能力。

三、诺如病毒感染事件：学校为何成为高发场所

（一）案例内容

诺如病毒（Norovirus）是一组杯状病毒属病毒，其原型株诺瓦克病毒（Norwalk-like viruses）于1968年在美国诺瓦克市被分离发现。由于该组病毒极易变异，此后在其他地区又相继发现并命名了多种类似病毒，统称为诺如病毒。诺如病毒感染性腹泻在全世界范围内均有流行，全年均可发生感染，感染对象主要是成人和学龄儿童，主要发生在秋冬季，多发生在学校等人群聚集的单位。及时采取控制措施，可避免疫情扩散。

2021年12月3日，海口市琼山区教育局发布消息称，11月30日至12月1日，海口市琼山区一幼儿园有33名师生陆续出现呕吐、腹泻症状。经调查，判定系感染诺如病毒（GⅡ型）引起的感染性腹泻。

另外，据不完全统计，此次事件过去一个月里国内已公开报道至少4

起诺如病毒感染事件。案例明确显示，诺如病毒感染主要发生在学校，从幼儿园到大学都有中招。详情如下：

2021年11月30日至12月1日，海南省海口市一幼儿园33名师生出现诺如病毒感染性腹泻，陆续出现呕吐、腹泻症状，其中幼儿31人，教师2人。经调查，判定该事件中学生呕吐腹泻系感染诺如病毒（GⅡ型）引起的感染性腹泻。

2021年11月27日起，广州某职业技术大学陆续有学生出现腹痛、腹泻、呕吐、伴随发热等症状。截至11月30日上午8时，校内出现腹痛、腹泻、呕吐、伴随发热等症状共有315人，其中初步确诊为诺如病毒阳性的有24人。

2021年11月11日，河南省洛阳市某幼儿园一名幼儿出现呕吐情况，当晚，该园数名幼儿出现相似症状。22日，洛阳市疾控部门展开流调及核酸检测，综合判定为诺如病毒引起的急性胃肠炎聚集性疫情。

2021年11月1日，安徽省池州市贵池区某幼儿园12名孩子陆续出现发烧、呕吐等症状，家长们相继将6名孩子送医就诊。池州市贵池区疾控中心反馈，初步考虑是诺如病毒引起的急性感染，但尚需要结合流调进一步确认。

2021年4月刊发的《2021年4月中国大陆需关注的突发公共卫生事件风险评估》一文中提到，2021年3月，16个省份通过突发公共卫生事件管理信息系统报告诺如病毒肠炎疫情129起。报告较多的省份为广东（36起）、福建（16起）、重庆（13起）、浙江（13起）和江苏（12起）。发生场所以小学、中学和幼儿园为主，分别占34%、29%和25%；传播途径仍以人传人为主，占72%。

清华长庚医院感染性疾病科主任林明表示："学校成诺如病毒的高发场所主要原因有两方面，一是现在年轻人普遍压力大、熬夜多，且缺乏锻炼，没能养成一个良好的生活习惯，导致身体体质受到影响；二是学校的饮食卫生问题亟待严抓，大多数诺如病毒病的暴发都与饮食卫生有一定的关系，疾控部门一定会介入调查，确定病毒来源。"

（二）案例分析

1. 流行病学暴发调查的步骤包括哪些

（1）做好前期准备和组织工作，包括疫情区域的确定和划分，工作人员的选择，提供技术支持以及做好物资准备和后勤保障工作。

（2）到现场后，通常先到医疗机构了解情况，收集病人基本信息，然后通过检查病例、查阅病史及实验室检验核实诊断。

（3）接到流行病学暴发信息后需要仔细核查信息的真实性，确定暴发的存在。制定病例定义是确定发现病例的统一标准，使发现的病例具有可比性，并符合突发公共卫生事件的调查要求。

（4）进行病例的发现与核实工作，并积极进行救治和隔离，保护和密切观察与病人有密切接触者。

（5）描述疾病的三间分布是流行病学的核心内容，在流行病学暴发调查中通过描述疾病的时间、人群和地区分布，从而发现高危人群及防治重点，为疾病的防治提供依据。

（6）根据调查获得的数据和信息产生假设，然后用病例对照和队列研究来验证假设。

（7）完善现场调查，以期发现更多的病例。值得注意的是，在整个流行病学暴发调查过程中，实施控制措施与现场调查应同步进行，如有些疾病病人一旦被发现就必须隔离治疗。

（8）做好总结报告工作，将调查过程整理成书面材料，记录好流行病学暴发经过、调查步骤和应采取的控制措施及效果。

2. 如何有效预防校园诺如病毒感染

诺如病毒传染性强、致病剂量低、传播途径广泛，基因型别多样、变异快，缺乏有效药物和疫苗，感染后极易发展成大规模的群体性公共卫生事件。学校是大规模人群聚集的区域，是极易成为感染和快速传播的公共场所。因此，加强日常食品从业人员的规范操作以及监测和报告制度，可以在源头上杜绝此类事件的发生。

党的二十大报告指出："必须坚持系统观念，不断提高战略思维、历史思维、辩证思维、系统思维、创新思维、法治思维、底线思维能力，为前瞻性思考、全局性谋划、整体性推进党和国家各项事业提供科学思想方法。卫生健康服务体系是一个多维度、多要素、多环节的专业系统，要增进14亿多人民的健康福祉，需坚持系统观念，全局性谋划、整体性推进各项工作，将卫生健康工作融入中国式现代化发展全局。卫生健康工作是系统工程，涵盖公共卫生、医疗服务、医疗保障、生态环境、安全生产、食品药品安全、科技创新、全民健身、国民教育等多个领域、多个行业。""创新医防协同、医防融合机制,健全公共卫生体系,提高重大疫情早发现能力,加强重大疫情防控救治体系和应急能力建设,有效遏制重大传染性疾病传播。"

因此,在应对诺如病毒感染性腹泻这类在学校多发的重大公共卫生事件时,应加强系统观念,多学科、多部门合作,从源头到终点消除危险因素,从公共卫生视角解决问题。

参考文献

[1] 詹思延. 流行病学 [M]. 8版. 北京:人民卫生出版社,2017.

[2] 涂文校,靳淼,黄晓霞,等. 2021年4月中国大陆需关注的突发公共卫生事件风险评估 [J]. 疾病监测,2021,36(4):303-306.

[3] 赵萌萌,任璇. 11月以来至少暴发4起诺如病毒感染事件,学校为何成高发场所 [N]. 健康时报,2021-12-04.

(陆家海)

第二十四章　性传播疾病

第一节　课程思政教学设计

一、案例教学使用范围

本案例适用于本科生和研究生"流行病学"等课程中性传播疾病相关章节的教学。

二、课程教学目标

1. 知识目标
（1）掌握性传播感染和性传播疾病的概念。
（2）熟悉性传播疾病的传染源、传播途径和易感人群。
（3）掌握获得性免疫缺陷综合征的概念。
（4）了解全球艾滋病战略目标。
（5）熟悉艾滋病的预防措施。

2. 能力目标
（1）通过案例讨论，让学生对中国性传播疾病防治有基本了解。
（2）通过案例讨论，让学生自主学习艾滋病防治科普相关内容并进行可行性分析。

3. 价值目标
（1）通过向学生介绍中国性传播疾病防治历程与成就，引导学生了解我国公共卫生事业成长的不易，增强学生的民族自豪感，使其深刻认识到我国社会制度的优越性，树立"四个自信"的坚定信念。

（2）通过走进校园的艾滋病防治科普漫画，引导学生思考针对性科普的有效性，从而培养"具体问题具体分析"的思维能力。

三、教学方法

首先，介绍性传播感染和性传播疾病的概念，讲解性传播疾病的传染源、传播途径和易感人群。其次，引入第一个思政案例，结合教材知识介绍我国性传播疾病防治的历程与成就，引入思政分析。最后，介绍教材艾滋病相关知识，引入第二个思政案例，通过图片形式展现漫画内容，提出思政分析，进行小组讨论。此时可根据实际情况布置课后小组作业（如针对特定人群的艾滋病防治科普），进行汇报交流。

第二节 课程思政案例及分析

一、我国性传播疾病防治的历程与成就

（一）案例内容

自新中国成立以来，我国性传播疾病的发展，经历了从20世纪50年代初期广泛流行到60年代基本消灭，再到80年代初复燃的过程。为了应对性病的再流行，我国通过实施针对梅毒及其他性传播疾病的全国性规划，制定了一系列策略以完善全国性病监测和检测体系，推进预防和治疗。经过努力，我国性传播疾病的流行已经得到有效遏制。

新中国成立初期，梅毒等性病在我国广泛流行，据估计，全国约有1000万人感染梅毒，严重影响人民群众的身心健康。因此，新中国党和政府将性病的防治列为公共卫生事业的优先领域，采取了一系列策略和措施加强全国范围内的性病防治，包括：①封闭妓院，铲除性病的主要传染源。②建立防治机构，培养专业干部。③在不同地区采取不同的调查方法。④充分应用各种血清诊断方法。⑤积极治疗、预防传染、控制流行。⑥大力进行宣传教育，普及防治梅毒知识。⑦疗后管理，巩固控制。经过

将近15年的积极控制，我国梅毒等性病得到了明显控制，并在很多地区已基本消灭。1964年，时任中央皮肤性病所所长的胡传揆在北京科学讨论会上宣读《我国对梅毒的控制和消灭》一文，宣布中国已基本消灭梅毒。在当时，这可谓令世界为之震惊的公共卫生奇迹。

然而，改革开放后，随着国际交往增多，旅游事业的发展，以及国内城市化进程加快、人口流动频繁和人们性观念的改变等，性病在我国复燃。自1977年湖南长沙报告首例淋病后，全国各省性病报病数逐年增多，流行范围逐渐扩大。意识到性病可能再次流行，卫生部立即启动针对我国性病再次流行的防治工作。相关工作主要包括：

（1）全国性病防治机构的恢复与建立。为了有效应对性病在我国的再次流行，卫生部及各地卫生行政部门逐渐恢复各级各地的皮肤性病防治机构并发挥其在积极应对性病流行中的作用。1986年7月，卫生部指定在中国医学科学院皮肤病研究所内成立了"全国性病防治研究中心"。2002年，随着我国疾病预防控制机构的改革，国家及地方各级疾病预防控制中心陆续成立，许多皮肤病防治机构与当地的疾病预防控制机构进行了整合，充分发挥疾病预防控制机构在性病防治中的作用，强化性病防治与艾滋病防治工作的有机结合。

（2）性病防治相关政策的颁布与贯彻。我国于1989年2月颁布的《中华人民共和国传染病防治法》，将梅毒和淋病纳入乙类传染病管理，依法报告病例；2012年11月，卫生部颁布了新修订的《性病防治管理办法》，明确艾滋病防治管理工作依照《艾滋病防治条例》的有关规定执行，将梅毒、淋病、生殖道沙眼衣原体感染、尖锐湿疣和生殖器疱疹规定为我国重点防治的性病；国务院下发的《中国遏制与防治艾滋病"十三五"行动计划》（2017年1月）等政策性文件中，将性病防治与艾滋病防治加以整合，强调了加强性病防治管理以及在HIV感染者中加强性病防治等工作。

（3）监测和检测系统的建立和完善。目前，我国已经建立了由"大疫情"（全国范围内开展的梅毒和淋病病例报告）、"监测点"（全国105个县区开展的梅毒、淋病、生殖道沙眼衣原体感染、尖锐湿疣和生殖器疱疹病例报告，性病危险行为监测和患病率调查）和"监测哨点"（结合艾滋病哨点监测在重点人群中开展的梅毒感染率监测）组成的性病综合监测系统，能够及时掌握性病的流行状况、流行趋势及相关因素，为制定防治策略、评估防治效果提供依据。

（4）全国性病防治规划的制定和实施。我国是全球制定和实施全国性梅毒控制或消除规划的两个国家（中国和美国）之一，是全球唯一同时启动重点人群梅毒防治和梅毒母婴传播阻断国家级规划的国家。除了全国梅毒防治规划外，我国还针对淋球菌耐药的威胁建立和实施了全国淋球菌耐药监测规划。2018年，我国在深圳启动了政府主导和公共卫生投入的生殖道沙眼衣原体感染综合防治试点项目，成为率先启动生殖道沙眼衣原体感染综合防治公共卫生项目的发展中国家，并将深圳的试点经验逐步在全国范围内推广应用。

（5）科学研究的深入和国际合作拓展。世界卫生组织于2001年在我国成立"世界卫生组织性传播感染预防与控制合作中心"，我国学者参与了WHO一系列性病防治指南的制定。目前，我国正通过国家科技重大专项"一带一路"，向其他国家介绍中国的性病防治经验。2020年，中国"一带一路"皮肤专科联盟成立。该联盟由国内有影响力的医疗机构以及"一带一路"沿线部分国家（日本、印度、尼泊尔、菲律宾、巴西）的医疗机构组成，原则是优势互补、资源共享、互利共赢、共同发展。另外，自2017开始，我国性病艾滋病预防控制中心每年举办艾滋病防治南南合作技术交流与培训活动，为发展中国家艾滋病防治人员提供分享和交流的平台，促进各国艾滋病防控领域成功经验、策略做法和技术应用的相互学习和借鉴，为尽早实现全球终结艾滋病公共卫生威胁的目标发挥积极的作用。

（二）案例分析

通过介绍我国70多年来的性传播疾病防治历程及成就，使学生了解我国公共卫生工作的不易以及中国特色社会主义制度的优越性。不论是第一场性传播疾病防治战役的胜利，还是第二场性传播疾病防治战役取得初步成效，这些成果的实现都离不开党和政府对人民的深切关怀。性病防治是一个社会问题，单凭技术物资力量是不可能从根本上解决问题的。从我国的性传播疾病防治策略和措施中不难看出，性病防治大都是依靠人民群众，为人民群众的福利而服务，是需要人民群众支持、信任和合作的，如果没有中国特色社会主义思想为指导，上述策略和措施是很难贯彻实施的。

此外，通过介绍中国"一带一路"皮肤专科联盟成立以及艾滋病防治南南合作技术交流与培训活动这两项国际合作的意义，进一步加深学生对习近平总书记构建人类命运共同体重要思想及内涵的理解和领会。

党的二十大报告指出："构建人类命运共同体是世界各国人民前途所在。"人类命运共同体理念以和平发展超越冲突对抗，以共同安全取代绝对安全，以互利共赢摒弃零和博弈，以交流互鉴防止文明冲突，以绿色发展呵护地球家园，顺应了世界大势和人心所向。面对层出不穷的全球性挑战，只有各国行天下之大道，和睦相处、合作共赢，繁荣才能持久，安全才有保障。性传播疾病防治工作的国际合作表明：只有秉持人类命运共同体理念，加强国际合作，才能解决人类面临的共同问题。

在中国特色社会主义制度的保障及二十大精神的引领下，我国政府对性传播疾病防治工作愈发重视，在《性病防治管理办法》基础上起草《性病防治工作规划》并制定性病防治十四五行动计划。随着我国在公共卫生领域的不断改革深化、对传染病防治资源的不断大力投入，我国性传播疾病防治工作取得了显著而卓越的成效。

（三）课堂讨论

（1）请你谈谈性传播感染和性传播疾病的概念。

性传播感染（STIs），是指主要通过人与人之间的性接触而传播的感染。目前证实有超过30种病原体（包括细菌、病毒、寄生虫等）可通过性传播感染。最常见的STIs有8种，分别是：衣原体感染、淋病、梅毒和滴虫病，以及由乙型肝炎病毒、单纯疱疹病毒、人类免疫缺陷病毒和人乳头状瘤病毒引起的感染。大多数STIs呈现无症状感染。有临床症状的STIs，称为性传播疾病（STDs）。

（2）新中国成立初期，在政府强有力的领导下，取缔了娼妓制度，关闭了所有相关场所，此项举措是从哪个环节采取的预防措施？请你从流行病学的角度，详细说说STDs的预防措施有哪些？

封闭妓院是针对传染源提出的预防举措。和其他传染病一样，STDs预防控制包括针对传染源、传播途径和易感人群的多种措施以及STDs的监测。

① 针对传染源的措施。积极发现病人、管理病人、治疗病人，是消灭和管理传染源、减少携带状态的有效措施。

② 针对传播途径的措施。改变不安全性行为，预防和控制经性接触传播 STDs；切断医源性感染、经血传播和日常生活接触传播；防止母婴传播。

③ 针对易感人群的措施。健康教育 STDs 控制措施是最为经济有效的方法。特别要在青少年中开展早起性教育、普及性卫生知识，提高群众预防和自我保护的意识。

④ STDs 监测。STDs 监测是为了及时掌握 STDs 的流行动态，了解其传染的来源，调查各方面的影响因素，考核防治效果，为制定防治措施提供依据。

二、艾滋病科普读物——《小姐姐大课堂》

（一）案例内容

近年来，15～24 岁青年学生的艾滋病感染状况引起社会各界的广泛关注。2019 年，我国教育部和国家卫生健康委员会联合发布了《教育部办公厅　国家卫生健康委办公厅关于切实加强新时代学校预防艾滋病教育工作的通知》，要求将艾滋病综合防治教育纳入中学教学，并对课程和课时做出具体规定。

为促进青年学生群体艾滋病宣传教育工作的落实，中国疾病预防控制中心性病艾滋病预防控制中心的青年职工及学生共同创作了科普读物《小姐姐大课堂》漫画（如图 24-1 至图 24-4 所示）。该作品以"艾滋病健康科普"为主题，用有趣可爱的漫画人物形象和幽默诙谐又不乏专业性的对话问答来拉近与读者的距离，从而更好地发挥健康知识普及的作用。

该漫画在内容上从艾滋病防控领域中与人群最为息息相关的"艾、性、套、毒、生、检、治"7 个方面出发，结合性传播、血液传播、母婴传播三种不同的传播途径，针对艾滋病高危险行为人群、重点人群和一般人群，由防到治、由浅入深完整呈现了艾滋病的整个疾病自然史。该漫画结合现实生活中的案例进一步强调其真实性，警醒大家艾滋病离我们并不遥远。

图 24-1 《小姐姐大课堂》封面

图 24-2 《小姐姐大课堂》目录

图 24-3 《小姐姐大课堂》正文摘录

图 24-4 《小姐姐大课堂》正文摘录

资料来源：https://ncaids.chinacdc.cn/zxzx/zxdteff/202112/t20211206_253549.htm.

（二）案例分析

列宁在《共产主义》一文中，批评匈牙利共产党员库恩·贝拉时写道："他忽略了马克思主义的精髓，马克思主义活的灵魂：对具体问题作具体分析。"列宁的哲学依据是"矛盾具有特殊性"，即在矛盾普遍性原理的指导下，具体地分析矛盾的特殊性，并找出解决矛盾的正确方法。

本节以性病艾滋病预防控制中心创作的艾滋病科普读物《小姐姐大课堂》为案例，旨在发散学生思维，引导学生思考如何针对不同人群的特点进行有效科普。随之，引出"具体问题具体分析"这一思维方式，培养学生在日常处事中，要根据事情的不同情况采取不同措施，不能一概而论。

近年来，青年学生感染艾滋病毒问题一直备受关注。然而，尽管有关条例规定高校、中学要将艾滋病防治知识纳入课堂，但是实施效果不理想。因此，针对青年学生群体的有效科普方式亟待提出。《小姐姐大课堂》漫画以幽默、"接地气"却又不失专业性的方式出现在青年学生群体面前，让青年学生群体对艾滋病防治知识的接受度大为提高，为艾滋病防治科普提供了新的方向。

课后作业可以小组为单位，设计针对特定人群的艾滋病防治科普，并进行展示交流（具体开展方式可根据实际情况调整）。

参考文献

［1］詹思延. 流行病学［M］. 8 版. 北京：人民卫生出版社，2017.

［2］胡传揆，叶干运，陈锡唐. 我国对梅毒的控制和消灭［J］. 科学通报，1965（6）：503 – 510.

［3］陈祥生. 我国性传播疾病防治的 70 年：历程与成就［J］. 国际流行病学传染病学杂志，2019（4）：259 – 263.

［4］陈祥生，姜婷婷. 我国性传播疾病的流行与防治［J］. 皮肤科学通报，2021，38（1）：1 – 7、105.

［5］唐高林. 中国"一带一路"皮肤病学专科联盟在南京成立［EB/OL］. https：//baijiahao. baidu. com/s？id = 16853057986 03251557&wfr = spider&for = pc.

［6］中国疾病预防控制中心：性病艾滋病预防控制中心. 艾防中心

举办2022年中国-东南亚国家艾滋病防治技术线上交流活动［EB/OL］. https://ncaids.c-hinacdc.cn/zxzx/zxzx/202209/t20220928_261395.htm.

［7］中国疾病预防控制中心：性病艾滋病预防控制中心. 艾滋病科普读物：《小姐姐大课堂》改版后资源来啦！［EB/OL］. https://www.chinaaids.cn/zxzx/zxdteff/202112/t20211206_253549.htm.

（郭 蓝）

第二十五章 结核病

第一节 课程思政教学设计

一、案例教学适用范围

本案例适用于本科生"流行病学""流行病学应用"等课程中结核病相关章节的教学。

二、课程教学目标

1. **知识目标**
(1) 掌握结核病的概念。
(2) 熟悉结核病的传染源、传播途径和易感人群。
(3) 了解近几十年来我国结核病的流行概况、变化以及流行特点。
(4) 熟悉结核病的预防措施。

2. **能力目标**
(1) 通过案例讨论,让学生对中国结核病的防治有基本了解。
(2) 通过介绍各次调研的步骤和结果,帮助学生复习抽样调查设计的基本要素和步骤,进一步掌握横断面研究的特点和意义。

3. **价值目标**
(1) 通过向学生介绍我国结核病防治历程与防治取得的显著进展,引导学生了解我国公共卫生事业成长的不易,增强学生的民族自豪感,使其深刻认识到我国社会制度的优越性,树立"四个自信"的坚定信念。
(2) 通过赞扬老一辈医学工作者兢兢业业、无私奉献的精神,引发学生共鸣，使其树立爱国敬业的情怀。

（3）通过强调结核病在农村与城市、西部与东部之间存在明显的分布差异，号召学生继续关注不发达地区居民的健康问题，为实现全民健康做贡献。

三、教学方法

首先，介绍结核病的概念，讲解结核病的传染源、传播途径和易感人群，以及结核病在我国的流行状况。其次，引入思政案例，结合教材知识介绍我国结核病防治的历程与成就，引入思政分析，进行小组讨论。最后，可根据实际情况布置课后小组作业（如设计针对结核病易感人群的防治科普材料），进行汇报交流。

第二节　课程思政案例及分析

我国结核病的流行概况、变化以及流行特点

（一）案例内容

结核病（tuberculosis）是一种由结核分枝杆菌引起的以呼吸道传播为主的慢性传染病。结核病可累及全身多个器官，以肺脏最为常见，数千年来严重威胁人类健康，迄今仍是全球最重要的公共卫生问题之一。新中国成立初期，结核病是我国居民的主要死因之一，病死率高达 200/10 万。新中国成立以后，随着经济和医疗水平的提高以及防治工作的开展，我国结核病控制取得显著成效。了解结核病的流行状况是制订和评估结核病防控措施的基础，我国在 1979—2010 年在全国范围内开展了 5 次结核病流行病学调查，具体介绍如下（见表 25-1）。

1. **第一次全国结核病流行病学调查**

新中国成立前，结核病是严重威胁我国人民健康的疾病。新中国成立后，随着居民生活水平的改善和防治工作的开展，结核病的流行有了显著

改善。然而，结核病在大多数地区仍然是一种常见病、多发病。此外，对结核病流行状况的调查以各地的分散调查为主，缺乏全国范围的调查，无法为制订全国的结核病防治规划提供有效依据。在此背景下，卫生部成立了全国结核病流行病学抽样调查领导小组，并在全国29个省、市、自治区、直辖市和地区设立工作组，在1979年展开了第一次全国结核病流行病学调查。

调查和抽样设计：覆盖全国（除台湾地区）的横断面调查，采用分层不等比例整群随机抽样方法，以29个省、市、自治区为主层，省辖市和地区为副层。全国流调办公室根据随机抽样原则统一抽取各省的调查点，共抽取888个调查点，每个调查点的调查人口数为1500人左右。

调查方法：各地调查队使用统一设计的调查卡片和整理统计报表进行人口核实，填写检查记录和结果。调查主要指标包括肺结核患病率及涂阳患病率。痰菌检查及诊断等要求方法、标准一律遵照"全国结核病抽样调查细则"进行。其中，15岁以下儿童采用世界卫生组织供应的纯蛋白衍化物PPDRT23，2个单位0.1毫升皮内试验，硬结平均直径6毫米及以上者为阳性；年满15岁及PPD阳性反应的儿童为胸透对象，胸透异常者摄全胸片。

调查结果：本次调查实查人数1295083人，每个调查点检查人数826～2702人，平均1458人。受检人口占抽样人口96.8%，结核菌素受检率94.9%。由于各省之间为不等比例抽样，所得患病率及涂阳患病率经加权处理后，全国888个调查点肺结核患病率为717/10万（即0.717%），涂阳患病率为187/10万。不同年龄、性别患病率及涂阳患病率随年龄而增高，64～69岁组达高峰，70岁以后略降，多数病人在中、老年组。25岁以前女高于男，25岁以后男高于女。男、女平均性别比为1.6∶1。

2. 第二次全国结核病流行病学调查

第二次全国结核病流行病学调查在1984—1985年进行，抽样方法沿用1979年第一次调查时使用的分层整群随机抽样。调查内容除了保持上次的基本调查项目外，增加了痰结核菌培养、菌型鉴定、卡介苗瘢痕检查和结核病死亡率回顾性调查等项目。本次调查，共有22个省、市、自治区、直辖市参与（部分地区未参加第二次调研），调查点数749个。调查点抽样人数为1176570人，实检人数为1124897人，受检率为95.4%。

调查结果：经加权处理后，全国肺结核患病率为 550/10 万，涂阳患病率为 156/10 万。与 1979 年相比，肺结核患病率下降了 23.3%，年递减率为 4.7%；涂阳患病率下降了 16.6%，年递减率为 3.2%。全国结核病死亡率为 35/10 万，居各种死亡原因第 7 位。

3. 第三次全国结核病流行病学调查

第三次全国结核病流行病学调查在 1990 年进行，调查设计、抽样（分层整群随机抽样）项目和检查方法、测定标准与前两次流调基本一致，但增加了结核病的社会情况和非典型结核分枝杆菌感染状况两个新的调查项目。本次调查，覆盖全国 29 个省、市、自治区、直辖市，调查点数 928 个，调查受检总人数为 1461190 人，受检率为 94.9%。

调查结果：经加权处理后，全国肺结核患病率为 523/10 万，涂阳患病率为 134/10 万。1979—1990 年，肺结核患病率年均递减幅度为 2.8%，涂阳患病率年均递减幅度为 3.0%。1990 年结核病死亡率为 21/10 万，仍居各种死亡原因第 7 位。

4. 第四次全国结核病流行病学调查

第四次全国结核病流行病学调查在 2000 年进行，调查方案与前三次流调基本一致，但调查点和检测人数有所下降，在全国共选择 257 个抽样点，抽样人口为 418456 人，应检人口 375599 人，实检人口 365097 人，占应检人口的 97.2%。与 1979 年初次调查相比，抽样人口结构有所变化，包括 14 岁以下儿童的减少（37.2%～24.5%）和 60 岁以上老年人群的增加（7.4%～11.7%）。调查内容亦有所调整，例如增加药物敏感性实验等。

调查结果：全国肺结核患病率为 367/10 万，涂阳患病率为 122/10 万。肺结核患病率在不同地区之间存在一定差异，表现为东部地区＞中部地区＞西部地区，以及农村＞城镇＞城市。结核病死亡率为 9.8/10 万，居各种死亡原因第 9 位。

5. 第五次全国结核病流行病学调查

最近一次的全国结核病流行病学调查，即第五次调查，在 2010 年进行，仍采用多阶段分层整群随机抽样方法在全国选择调查点，但本次调查仅包括 15 岁及以上人群，不再覆盖 15 岁以下儿童。本次调查最终在全国抽样 176 个点，抽样人口为 418456 人，应检人口为 263281 人，实检人口为 252940 人，受检率为 96.1%。

调查结果：全国肺结核患病率为459/10万，涂阳患病率为66/10万，与2000年相比分别下降了1.5%和60.9%。[①] 2010年全国结核病死亡率为4.1/10万。

表25-1　五次全国结核病流行病学调查主要结果

调查轮次	年份	患病率/1/10万		死亡率/1/10万	
		活动性肺结核	涂阳肺结核	全结核死亡率	肺结核死亡率
第一次	1979	717	187	—	—
第二次	1984/1985	550	156	35	31
第三次	1990	523	134	21	19
第四次	2000	367	122	9.8	8.8
第五次*	2010	459	66	4.1	3.9

*2010年调查人口为15岁以上人群，其余轮次则包括了14岁及以下儿童。

（二）案例分析

1979—2010年，我国开展了5次全国性的结核病流行病学调查，为评估我国结核病的流行状况奠定了基础。调研的结果显示，从1979年以来，我国结核病患病率和死亡率均不断下降。通过介绍我国在结核病防治工作上取得的稳步进展，使学生了解我国公共卫生工作的不易以及中国特色社会主义制度的优越性，进而学习老一辈医学工作者兢兢业业、无私奉献的精神，为人民群众的福利做出贡献。值得注意的是，结核病的分布在农村与城市、西部与东部之间仍然存在明显差异，不发达地区居民的健康问题仍需要引起重视。

（三）课堂讨论

（1）全国结核病流行病学调查使用的是哪一类调查和抽样方法？

全国结核病流行病学调查属于横断面调查，使用的是多阶段分层整群

[①] 2000年调研包括了14岁及以下儿童，此处仅比较15岁及以上人群的患病率。

随机抽样的方法。

(2) 1979—2010 年，我国结核病流行状况有什么变化？

根据五次调研数据，我国结核病患病率和死亡率从 1979 年到 2010 年呈现稳定下降的趋势。这说明我国结核病防治工作效果显著。

(3) 结核病的地区分布有哪些特点？

根据第四次全国流行病学调查结果，我国结核病总体呈现农村高于城市、西部和中部地区高于东部地区的特点。

参考文献

[1] 李立明. 流行病学 [M]. 8 版. 北京：人民卫生出版社，2017.

[2] 全国结核病流行病学抽样调查领导小组. 1979 年全国结核病流行病学抽样调查综合简报 [J]. 中国防痨通讯，1982 (2)：3-6.

[3] 全国结核病流行病学抽样调查领导小组. 全国第二次结核病流行病学抽样调查综合简报 [J]. 中华结核和呼吸杂志，1990 (5)：67-70.

[4] 全国结核病流行病学抽样调查技术指导组. 第三次全国结核病流行病学抽样调查报告 [J]. 中华结核和呼吸杂志，1992 (2)：69-71.

[5] 全国结核病流行病学抽样调查技术指导组. 第四次全国结核病流行病学抽样调查报告 [J]. 中华结核和呼吸杂志，2002 (1)：6-10.

[6] 全国第五次结核病流行病学抽样调查技术指导组. 2010 年全国第五次结核病流行病学抽样调查报告 [J]. 中国防痨杂志，2012 (8)：485-550.

（张子龙）

第二十六章 地方病

第一节 课程思政教学设计

一、案例教学适用范围

本案例适用于本科生和研究生"流行病学""预防医学"等课程中地方病相关章节的教学。

二、课程教学目标

1. 知识目标

(1) 掌握我国最重要的地方病之一——血吸虫病的病原特点和血吸虫病人的临床特征。

(2) 熟悉血吸虫病的传染源、传播途径及易感人群。

(3) 熟悉血吸虫病调查研究设计及预防控制要点。

2. 能力目标

(1) 通过案例讨论,让学生能够根据血吸虫病的流行病学特点进行流行病学调查的试验设计。

(2) 通过案例讨论,让学生能够根据所得资料提出针对地方病的预防控制方针和措施。

3. 价值目标

(1) 通过小组案例讨论的教学活动,培养学生不怕困难、独立思考、勇于创新的精神。

(2) 通过案例教学,让学生了解流行学在疾病预防控制中的重要作用，激发学生探索学习流行病学的兴趣。

（3）通过案例讨论，让学生了解中国共产党人及中国人民群众为防治地方病做出的不懈努力和伟大成就，体会到社会主义制度的优越性，理解疾病预防控制工作与实际相结合并紧紧依靠人民群众的优势。

三、教学方法

本章课程建议采用翻转课堂教学法，学生提前自学慕课和讨论案例。线下理论课程授课，可充分结合教师讲授、学生讲课、小组案例讨论等授课形式。教师提出讨论问题，将课程教学的知识目标、能力目标和价值目标融入案例讨论，提高学生学习的积极性和主动性。

第二节 课程思政案例及分析

齐心协力消灭血吸虫

（一）案例内容

血吸虫病是由血吸虫寄生于人体导致的一种寄生虫病。在寄生于人体的六种血吸虫中，日本血吸虫、曼氏血吸虫、埃及血吸虫引起的血吸虫病最为常见。在我国，流行最广泛的血吸虫病是日本血吸虫病。血吸虫病是人兽共患寄生虫病，病人及患病动物为主要的传染源，钉螺是血吸虫的中间宿主。传染源进入有钉螺存在的疫水，宿主因接触疫水而感染。我国曾是全球血吸虫病流行最广泛的国家之一，20世纪50年代，有超过1000万人感染血吸虫。自中华人民共和国成立后，为维护人民健康，党和政府高度重视血吸虫防治工作，国务院及卫生部等部门出台了一系列有关血吸虫病防治的相关政策。全党全国各族人民为防治血吸虫病做出了艰苦卓绝的努力和坚持不懈的奋斗。

新中国刚成立时，全国有上亿人受血吸虫病威胁，感染人口超过千万。在江苏昆山、上海青浦、江西余江、湖北阳新等重点流行县，条条河沟有钉螺，家家户户有病人。这是一种危害了中国人健康数千年的古老疾病。在该病疫情流行区，不少病人"肚子像西瓜，脖子像丝瓜，手臂像黄瓜"，劳动力下降或丧失劳动力，导致田园荒废。

新中国成立前的20年间，上海青浦任屯村有500多人被"瘟神"夺去生命，其中全家去世的有121户，仅剩一人的有28户。解放时，全村人口减少约1/2，侥幸活下来的仅461人，其中患血吸虫病的有97.3%。1950年，江苏省高邮县新民乡有4019人换了急性血吸虫病，死亡1335人，死绝45户，遗下孤儿91户，呈现出"千村霹雳人遗失，万户萧疏鬼唱歌"的人间惨状。中国大地出现了许多"无人村""寡妇村""罗汉村""棺材村"等悲惨景象。

面对愈演愈烈的血吸虫病疫情，党中央在1952年的第二届全国卫生会议上确立了"面向工农兵，预防为主，团结中西医"的三大原则，同时提出"全面规划，加强领导，依靠互助合作，组织中西医力量，积极防治，逐步消灭"的基本方针，"预防和治疗并重"的基本方法。

1955年，毛泽东主席亲自视察了血吸虫病疫区，指示卫生部"要把消灭血吸虫病作为当前的政治任务"。同年，党中央发出了"全党动员、全民动手、消灭血吸虫病"的号召，从中央到地方，成立血吸虫病防治领导小组，制订防治血吸虫病的方针、政策和措施。

钉螺是血吸虫病的中间宿主，因而消灭钉螺成为血吸虫病防治工作的首要任务。在流行地区，党员干部、广大群众齐上阵，填埋老沟，开挖新渠，捕捉钉螺，敲碎、水煮、火烧、药杀，能想到的招式全部用上。

经过数年的努力，到1958年，江苏昆山县、江西余江县终于消灭了危害当地千年之久的血吸虫病，全国的情况也在好转。6月30日，《人民日报》发表了题为《第一面红旗——记江西余江县根本消灭血吸虫病的经过》的长篇报道和题为《反复斗争，消灭血吸虫病》的社论。正在杭州视察的毛泽东主席，于当天晚上阅读了这篇通讯报道后，特作《七律二首·送瘟神》及其后记：

《七律二首·送瘟神》
其一
　　绿水青山枉自多，华佗无奈小虫何！
　　千村薜荔人遗矢，万户萧疏鬼唱歌。
　　坐地日行八万里，巡天遥看一千河。
　　牛郎欲问瘟神事，一样悲欢逐逝波。
其二
　　春风杨柳万千条，六亿神州尽舜尧。
　　红雨随心翻作浪，青山着意化为桥。
　　天连五岭银锄落，地动三河铁臂摇。
　　借问瘟君欲何往？纸船明烛照天烧。

"六月三十日《人民日报》发表文章说：余江县基本消灭了血吸虫，十二省、市灭疫大有希望。我写了两首宣传诗，略等于现在的招贴画，聊为一臂之助。就血吸虫所毁灭我们的生命而言，远强于过去打过我们的一个或者几个帝国主义。八国联军、抗日战争，就毁人一点来说，都不及血吸虫。除开历史上死掉的人以外，现在尚有一千万人患疫，一万万人受到疫情的威胁。是可忍，孰不可忍？然而今之华佗们在早几年大多数信心不足，近一二年干劲渐高，因而有了希望。主要是党抓起来了，群众大规模发动起来了。党组织、科学家、人民群众，三者结合起来，瘟神就只好走路了。"这更激起了人们战胜血吸虫病的斗志。

此后，广东、上海、福建、广西和浙江逐渐宣布消灭了血吸虫病，在血吸虫病防治之路上，形成了属于中国人的血防精神，涌现了一批顽强奋斗的血防英雄人物，产生许多感人的事迹：

1. 余江"血防"精神

余江位于江西省东北部，属鹰潭市管辖，曾是血吸虫病流行重疫区。新中国成立前30年间，余江有近2.9万人被血吸虫病夺去了生命。

1956年春，在毛泽东主席发出"一定要消灭血吸虫病"的号召后，余江县委紧急动员，制定"半年准备、一年战斗、半年扫尾"的消灭血吸虫病规划，掀起消灭血吸虫病的热潮。当时采取的具体措施包括：开新沟填旧沟、开新塘填旧塘，修建新的农田，开展了声势浩大的消灭钉螺运动，对当地居民反复查治血吸虫病。在这场综合防治血吸虫病的战役中，余江县共投入经费800多万元、劳力7000多万人，最终，6000多名病人全部得到治愈，并于1958年在全国第一个以县为单位消灭了血吸虫病。此时，距离毛泽东主席提出"一定要消灭血吸虫病"的号召，仅两年多时间。

为巩固防治成果，不让"瘟神"重现，余江县在取得消灭血吸虫的成果后，坚持年年查螺，监测病情。尽管该县已经近60年未发现血吸虫病人，但他们仍不懈怠，凝练出"战天斗地、敢为人先、不达目的、决不罢休"的"余江血防精神"。

2. 抗击"瘟神"的领军人物苏德隆教授

苏德隆教授是我国杰出的流行病学家，在血吸虫病防治方面做出了卓越的贡献。他全面阐明了钉螺分布的规律，提出"地域性防治血吸虫病"的对策，发明了防血吸虫感染的"防蚴裤袜"和"防蚴笔"。

苏德隆师从诺贝尔奖获得者弗洛里院士，曾获得英国牛津大学哲学博士学位。1950年初，由于血吸虫病防治工作的需要，苏德隆放弃了熟悉的微生物学而转向血吸虫病防治的研究。他在实践中做了很多探索探究，比如：1954年，他提出人尿消灭粪中血吸虫卵的方法，并表明粪尿混合发酵时产生的氨具有消灭虫卵的作用；他研究钉螺对光、温度的反应，通过研究判定最适于钉螺生存的温度和光线强度，这对查螺和灭螺工作具有指导意义；他通过筛选发现砷酸钙和亚砷酸钙具有灭螺作用；1957年，他又证明茶子饼有防御血吸虫尾蚴侵入的作用；1958年，他选取上海青浦朱家角镇作为试点，带领师生深入第一线，从流行病学调查开始，了解居民感染血吸虫病的特点和钉螺分布的规律，采取了以改造环境、消灭钉螺为主的综合性措施；他还研制出个体防护衣裤袜，穿上它能防御血吸虫尾蚴侵入人体；他研制出的"避蚴笔"用作涂肤防护剂；他提出先消灭村内钉螺，治理环境，然后由近及远，灭一块，清一块。苏德隆对血吸虫病所做的大量的实践探索研究，对全国和世界的血防工作起到了重要的指导作用。

1980年春，年过七旬的苏德隆带队，选择安徽贵池县白杨河畔的纪家坝草滩地区作为试点，亲临第一线，开展防治结合的现场试验，研究草滩地区控制血吸虫病的策略，经过4年的努力，取得了兴利除害、血防生产双丰收的理想结果。

3. 消灭血吸虫病的英雄黄其晶

黄其晶，福建人，1964年从福建医学院卫生系毕业后，被分配到上海青浦血防站工作。当时,青浦是全国血吸虫病疫情的重灾区,感染率高达25.9%,其中任屯村尤为严重,青壮年感染率达95%。从1952年起,党和政府就组织了大量医务人员奔赴青浦,投入这场与血吸虫病的生死搏斗中。经过12年的普查普治,防治工作虽有成果但并不理想。黄其晶就是在这样的背景下来到了青浦,他一来就积极投入血吸虫病的防治工作中,一干就是16年,对青浦县血吸虫病的防治工作做出了卓越的贡献。当时,消灭钉螺主要靠成千上万的群众组织起来,挥舞着铁锄和铁铲进行河道灭螺运动。然而,由于钉螺繁殖的速度远远超过消灭的速度,这场声势浩大的灭螺运动成效甚微。为此,专家们提出在青浦使用从日本进口的石灰氮和德国进口的五氯酚钠药物进行稻田和河道灭螺,但这两种非常规的药物究竟能有多大效果,谁也不知道。为了证实这两种药物的可行性,黄其晶主动承担了研究任务。当时已是深秋,为保证实验的顺利进行,黄其晶在刺骨的寒风中,脱去衣裤,全身涂上防止尾蚴入侵感染的防护油跳入江中。功夫不负有心人,在1966年,黄其晶验证了用石灰氮灭螺的有效性。在此后的两年内,青浦应用石灰氮和五氯酚钠进行稻田和河道灭螺,从此,青浦血吸虫病的发病率大大下降。

4. 钱惪教授

20世纪50年代,上海郊区是血吸虫病高发区,钱惪教授与医疗大队的同事们废寝忘食,不顾自身安危,一个个村进行排查和治疗。钱惪勇于承担风险,改良治疗方案,提出避免和解救锑剂导致心脏和肝脏中毒反应的措施。在他的带领下,在短短的100多天时间里,医疗队治疗血吸虫病患者1万余名。

此后,他担任中央血吸虫病研究委员会副主任兼临床组组长,并主持编写了《血吸虫病防治手册》,全国各地按此手册进行酒石酸锑钾治疗,大大减少了死亡率。1960年初,他带领重庆医学院40多名医、教、研人员组织的团队进行攻关,研制出口服血防"846"片,使血吸虫病的治疗由静脉注射改为口服,疗程由20天缩短为7天,疗效大大提高。

(二)案例分析:消灭血吸虫事例中体现的思政元素

毛泽东主席的诗《七律二首·送瘟神》及其后记体现了以毛泽东主席为代表的共产党人以人民为出发点,高度重视疾病防治,始终以人民安危为根本的精神。党的二十大也重温了中国共产党人的初心和使命,即

"为中国人民谋幸福,为中华民族谋复兴,始终把人民利益放在第一位"。

习近平总书记在党的二十大报告中指出:"必须坚持科技是第一生产力、人才是第一资源、创新是第一动力。"二十大报告提出要坚持守正创新。在攻克艰难险阻的过程中,坚持拓展自身认识的广度和深度,把马克思主义基本原理同中国具体实际相结合、同中华优秀传统文化相结合,从而推进马克思主义中国化时代化,用马克思主义中国化时代化的科学理论成功引领伟大实践。在新征程上,我们要科学把握时代之"变",在坚守正确道路的基础上,敢于说前人没有说过的新话,敢于干前人没有干过的事情,不断推进理论创新,为开辟马克思主义中国化时代化新境界添砖加瓦。"余江精神"是不怕困难、坚韧不拔、勇于创新的精神。余江干部群众在半个世纪的血吸虫病防治实践过程中,面对困难和险境,尊重科学,敢为人先,艰苦奋斗。他们如果没有创新,就没有"开新填旧、土埋灭螺"之举;如果没有创新,就没有"长期观察、定期复查、反复斗争、巩固胜利"的16字方针。

苏德隆教授对我国血吸虫病防治所做出的杰出贡献,他的科学精神和一切为了人民的思想,成为后人学习的榜样。黄其晶面对人民的疾苦,义无反顾地冲锋一线,面对医学难题,敢于创新、刻苦研究,把毕生献给人类健康事业。苏德隆、黄其晶、钱惪等人的血吸虫病防治事迹,体现了我国知识分子为人民服务的思想、实事求是的科学态度,以及乐于奉献和不断创新的精神。

大规模的灭螺行动,体现了我国社会主义制度的优越性,以及中国人民群众强大的凝聚力和战斗力。习近平总书记在学习贯彻党的二十大精神研讨班开班式上的讲话提出,社会主义制度是我们成就社会主义伟大事业的重要法宝,社会主义制度能够集中力量办大事,让我们广大的党员干部心往一处想,劲往一处使。在灭螺的过程中,党和政府充分发动群众,依靠群众,用科学的态度,众志成城,团结一心,战胜"瘟神",降服"疫魔"。在血吸虫病防治工作中,知识分子的决策、咨询功能必须与人民群众的聪明才智结合起来,要将人民群众动员起来,防治血吸虫病要与治贫、治愚、治环境结合起来,自觉投入"送瘟神"的战斗。没有广大干部群众坚持不懈的努力,血吸虫病就不可能在曾经的疫区销声匿迹。

防治疾病,有赖于社会经济的发展以及科学研究的进步。血吸虫病是一种社会性很强的疾病,经常与贫穷、落后并存。它的传播、蔓延以及控制均与社会经济发展水平密切相关。我国现有的血吸虫病疫区主要集中在山区、湖泊、滩洲等地。

要真正消灭血吸虫,就必须在党和政府的领导下,努力发展经济,推动社会进步,将防病、治病与治贫、治环境相结合。党的二十大报告指出,教育、科技、人才是全面建设社会主义现代化国家的基础性、战略性支撑。必须坚持科技是第一生产力,科技兴则民族兴,科技强则国家强。血防工作中,科研人员深入疫区第一线,进行多学科协作研究,并及时将研究成果用于防治实践。灭螺方法的探究、防治血吸虫病药物的研制、血吸虫病防治策略的研究,紧紧围绕防治现状,不断与时俱进。这些经验,亦适用于现代医学科学的研究和疾病防治工作的研究。

(三) 课堂讨论

(1) 试述血吸虫病的传染源、传播途径和易感人群。

传染源:血吸虫病是人兽共患寄生虫病,病人及患病动物为主要的传染源。

传播途径:传染源的粪便进入有钉螺存在的疫水,宿主因接触疫水而传播。

易感人群:人群普遍易感。

(2) 试述血吸虫病的临床表现。

①侵袭期:患者可有咳嗽、胸痛,偶见痰中带血丝等。

②急性期:发热为本期主要的症状,发热的高低、期限和热型视感染轻重而异;胃肠道症状为常呈痢疾样大便,可带血和黏液;肝脾大;肺部症状为咳嗽相当多见,可有胸痛,血痰等症状。

③慢性期:多因急性期未曾发现,未治疗或治疗不彻底,或多次少量重复感染等原因,逐渐发展成慢性。慢性期一般可持续 10~20 年,因其病程漫长,症状轻重可有很大差异。

④晚期:病人极度消瘦,出现腹水、巨脾,腹壁静脉怒张等晚期严重症状。

(3) 试述血吸虫病的预防策略和措施。

预防为主,综合防治。

治疗病人:服用吡喹酮进行病原治疗,并针对具体的症状进行对症支持治疗。

消灭钉螺：在疫水地区开展灭螺行动，使用氯硝硫胺等药物杀灭钉螺。

治理环境：改水、改厕，加强粪便和垃圾的管理，避免污染居民日常用水。

健康教育：宣传血吸虫病的病原学特点和临床表现，告知居民血吸虫病的危害，指导居民科学防治血吸虫病，注意个人卫生，养成良好的生活习惯。

参考文献

［1］胡勤明，杨政，袁喆，等. 我国急性血吸虫病临床特征分析［J］. 临床肝胆病杂志，2018，34（5）：1068－1074.

［2］许静，李石柱，黄轶昕，等. 中国血吸虫病潜在流行区的风险评估［J］. 中国寄生虫学与寄生虫病杂志，2012，30（6）：428－437.

［3］陈德义，黄季端. 消灭血吸虫病中间宿主的探讨［J］. 中华预防医学杂志，1983（3）：165.

［4］周晓农，李石柱，洪青标，等. 不忘初心送瘟神 科学防治谱新篇：纪念毛泽东主席《七律二首·送瘟神》发表60周年［J］. 中国血吸虫病防治杂志，2018，30（1）：1－4.

（林华亮）